はじめてのソーイング

手作りバッグと
かわいい花柄小物

成美堂出版

＊ はじめてのソーイング ＊
手作りバッグと
かわいい花柄小物

Contents

4	シンプルで使いやすい **春夏バッグ** トートバッグ・ボストンバッグ・ショルダーバッグ・リュック・小バッグ
32	ママとおそろい 大好きなプリント柄で作る **通園・通学・おけいこバッグ＆エプロン**
40	ほっこり素材とプラスαがおしゃれ **秋冬バッグ** トートバッグ・ショルダーバッグ・マルシェバッグ・スマホポーチ・ グラニーバッグ・レトロバッグ
50	55×50cm少しの生地でもたくさん作れる **キュートな花柄小物**

詳しい縫い方のプロセス解説

12	脇まちつきトート
15	ボストンバッグ
24	花モチーフつきトート
27	フラップポケットつきリュック
56	**作品の作り方**
109	刺しゅうの刺し方
110	覚えておくと便利なバッグ作りの豆知識

Spring & Summer Bag

▶▶ P.7

▶▶ P.8

▶▶ P.10

▶▶ P.20

▶▶ P.21

Going to school Bag

▶▶ P.36

▶▶ P.37

▶▶ P.38

▶▶ P.35

▶▶ P.32

Autumn & Winter Bag

▶▶ P.45

▶▶ P.44

▶▶ P.43

▶▶ P.48

▶▶ P.49

Flower print Goods

▶▶ P.50

▶▶ P.52

▶▶ P.53

▶▶ P.55

▶▶ P.51

● シンプルで使いやすい ●
春夏バッグ

トートバッグ・ボストンバッグ・ショルダーバッグ・
リュック・小バッグ

1

脇まちつきトート

共地裏布つきの丈夫で使いやすい、バッグ作りの基本がいっぱい詰まったビギナーズトート。赤×白の明快なヒッコリーストライプの持ち味を生かした、たて横の裁ち合わせ方が楽しいデザインです。

デザイン●越膳夕香
作り方●12ページ

詳しい縫い方 12ページ

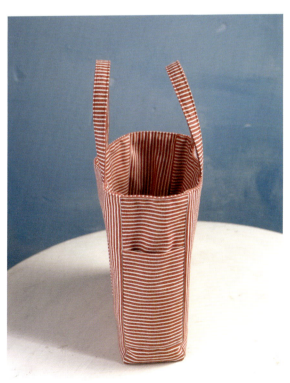

2

底まちつきトート＋ポーチ

　お気に入りの綿ブロードプリントで作るなら、キルティング加工がおすすめです。要領さえ覚えれば、結構かんたんにミシンで加工できるうえ、丈夫な仕上がりに。おしゃれなバッグインバッグのポーチもおそろいで。

| デザイン ● 越膳夕香
| 作り方 ● 58ページ

3

底まちつきトート＋巾着

　ペーズリー柄と革の持ち手の組み合わせ方が素敵なトート。作品2と同じキルティング加工をほどこしていますが、こちらはプリント柄に沿ってミシン・ステッチをかけるので、はじめてでも安心。共布の巾着もかわいい。

| デザイン ● 越膳夕香
| 作り方 ● 58ページ

4

小バックつきトート

　涼しげな綿ローンプリントにデニム風の無地のツイルを組み合わせたトートバッグと小バッグ。小バッグは写真のようにトートバッグの持ち手に引っ掛けても、バッグイン用に使ってもいい便利アイテムです。

| デザイン ● 見崎智子
| 作り方 ● 62ページ

5

2WHYトート＋ブラウス

　ヤシの葉柄が夏らしい雰囲気の2WHYバッグに、かんたんブラウスをおそろいで作ったオリジナルセット。トートバッグは口布を中にしまえば小ぶりのバッグ、物をたくさん入れたいときは口布を外に出して使えます。

| デザイン ● 見崎智子
| 作り方 ● 62ページ

6

綿テープ持ち手のトート

　持ち手は市販の綿テープを利用したカジュアルトート。
綿テープに合わせて表布はブラックデニム、裏布は赤の
シーチングを選び、バッグの入れ口はデニム地のみみを
そのまま生かしたおしゃれなデザインです。

| デザイン ● 越膳夕香
| 作り方 ● 57ページ

7

ボストンバッグ

　普段用に持ちたい小さめサイズのボストンバッグ。インパクト大の英字プリントに革の持ち手を合わせたモノトーン仕様。思いのほかかんたんに作れて、詳しい縫い方プロセスつき作品だから初心者さんにもおすすめ！

デザイン ● 月居良子
作り方 ● 15ページ

詳しい縫い方
15ページ

詳しい縫い方のプロセス解説
脇まちつきトート ▶▶▶ 4ページ

作品 1

guidance／越膳夕香

- **材料**
  表・裏布にヒッコリーストライプ＝
  120cm幅×50cm
- **でき上がり寸法**
  底幅＝23cm　深さ＝23cm　まち＝8cm

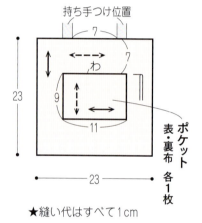

本体　表・裏布　各2枚

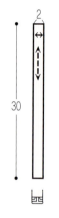

持ち手　表・裏布　各2本

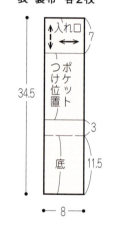

まち　表・裏布　各2枚

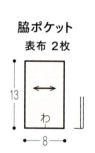

脇ポケット　表布　2枚

⟵⟶ 表布の布目
⟵--⟶ 裏布の布目

★縫い代はすべて1cm

裁断

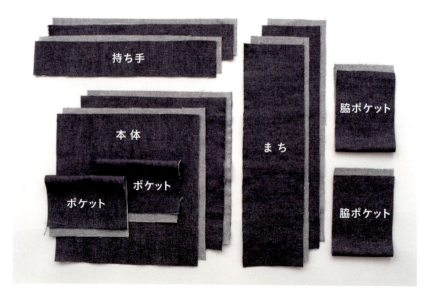

- ここでは、縫い目がわかりやすいデニム地を使って解説します。
- 本体、まち、持ち手は表・裏布を各2枚、ポケットは各1枚裁ちます。このときストライプ柄を生かし、表・裏布の布目を変えて裁ちます。脇ポケットは底側をわに表布を2枚裁ちます。

1. ポケットをつける

1 表ポケットを入れ口側をわに中表に二つ折りにし、底側を6cmほど返し口に残して回りを縫います。角の縫い代は、すっきり仕上げるために三角にカットします。

2 表に返します。角は目打ちを使って形よく布を引き出し、アイロンで整えます。

3 本体の表布にステッチでつけます。入れ口側の端1目は本体に渡して縫います。同様に裏ポケットも縫い、本体の裏布につけます。

2. 脇ポケット、まちを縫う

1 脇ポケットは底側をわに中表に二つ折りにし、入れ口側を縫います。

2 表に返し、入れ口をステッチで押さえます。

3 表・裏布のまちをそれぞれ中表に合わせて底中央を縫い、縫い代を割ります。

4 まちの表布に脇ポケットを重ねて両脇と底側をステッチでつけます。両脇のステッチは仮どめのためなので、縫い目がかくれるように仕上がり線より縫い代側を縫います。

5 両脇のポケットをつけたら、まちと本体の表布を中表に合わせ、底を縫います。

6 まち底の両端（角になるところ）の縫い代に切り込みを入れます。縫い代を開き、続けて本体の脇と合わせて縫います。

13

7 本体にまちがつきました。

8 反対側の本体も同様に縫います。5・6の要領で裏布も縫います。

3. 持ち手を作る

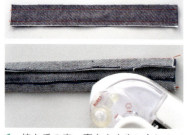

1 持ち手の表・裏布を中表に合わせて両端を縫い、アイロンで縫い代を片返します。

2 表に返してアイロンで整え、両端をステッチで押さえます。

3 表布の縫い代に持ち手をステッチで仮どめします。

4. 入れ口を縫う

1 入れ口の縫い代をアイロンで仕上がりに折り、表・裏布を外表に合わせます。このとき、表・裏布の角の縫い代が重ならないように、それぞれ反対側に片返します。

2 表・裏布の入れ口をぴったり合わせ、まち針で仮どめます。

3 入れ口をステッチで押さえます。

完成！

14

詳しい縫い方のプロセス解説
ボストンバッグ ▶▶▶ 11ページ

guidance／月居良子

作品 7

- ● 材料
- 表・裏布にツイルプリント＝90×80cm
- 接着芯＝70×70cm
- デルリンファスナー＝50cmを1本
- 持ち手＝長さ48cmのレザーを1組

- ● でき上がり寸法
- 底幅＝34cm　深さ＝27.5cm

側面　表・裏布 接着芯 各1枚　★縫い代はすべて1cm

切り替え布　表・裏布 各2枚　接着芯

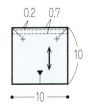

口布　表・裏布 接着芯 各2枚

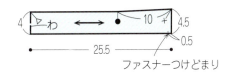

🔵 裁断し、印をつける

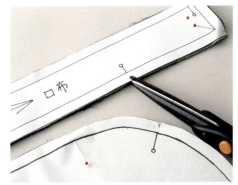

1 各パーツを裁断します。側面の表・裏布各1枚、切り替え布の表・裏布各2枚、口布の表・裏布各2枚（1.接着芯を貼る・16ページ参照）。次に口布と側面、切り替え布の合印にノッチ（切り込み・110ページ参照）で印を入れます。

2 持ち手つけ位置は、目打ちで小さな穴をあけて印をつけます。

1. 接着芯を貼る

- ここでは縫い目がわかりやすいデニム地を使って解説します。
- 側面、切り替え布、口布の表布の裏側に接着芯を貼ります。

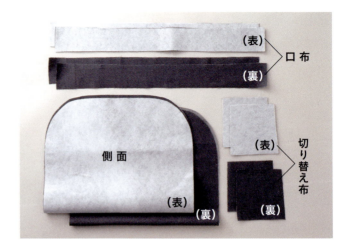

2. ファスナーをつける

1 布がずれやすいので、口布のカーブしてないほうのファスナーつけ側に両面接着テープ（111ページ参照。なければまち針で可）を貼ります。表・裏布を中表にファスナーをはさんで、アイロンで仮どめます。

2 ミシンの押さえ金の片押さえを使ってつけます。ファスナーの歯の際を縫うので、途中でファスナーのスライダーが押さえ金がぶつかってしまうため、途中で押さえ金を上げ（ミシンの針は下げた状態で）、スライダーを移動し、また押さえ金を下ろして続きを縫います。

3 口布を表に返し、歯の際をステッチで押さえます。

4 3のステッチから0.5cm外側に、もう1本ステッチをかけます。このとき、回りの縫い代も続けて縫い、表・裏布を仮どめしておきます。

5 ファスナーの反対側を同じ要領でつけます。

6 口布の両端に切り替え布をつけます。表・裏布を中表に合わせ、口布をはさんで縫います。

7 表に返し、縫い代を2本のステッチで押さえます。続けて切り替え布の回りの縫い代を口布のときと同様にステッチで仮どめします。反対側も同様につけます。

3. 側面と底を縫う

1 側面の表・裏布を1枚布として扱えるように2枚を外表に合印をピッタリ合わせて、縫い代回りをミシンで仮どめます（白い糸）。

2 側面と口布・切り替え布を片側ずつ、中表に合わせて縫います（赤い糸）。このとき、ファスナーはあけておいたほうが作業が楽です。

3 反対側も同様にして縫い、側面底の両端（2の白丸）に、縫い目ぎりぎりまで切り込みを入れます。

4 両脇を持って、まちになる部分を開きます。

5 底を縫います（赤い糸）。

6 縫い代回りに縁かがりミシンをかけて、縫い代の始末をします。

4. 持ち手をつける

完成！

1 バッグを表に返し、市販の持ち手をつけ位置にまち針で仮どめしてみてバランスを見ます。つけ位置は好みによって移動しても構いません。

2 つけ位置が決まったら、裏あて用のパーツを裏側にあて、ミシンでつけます。

★革は滑りにくく、縫いにくいので、シリコンスプレーをかけるか、トレーシングペーパーをあてて縫うと縫いやすくなります。

17

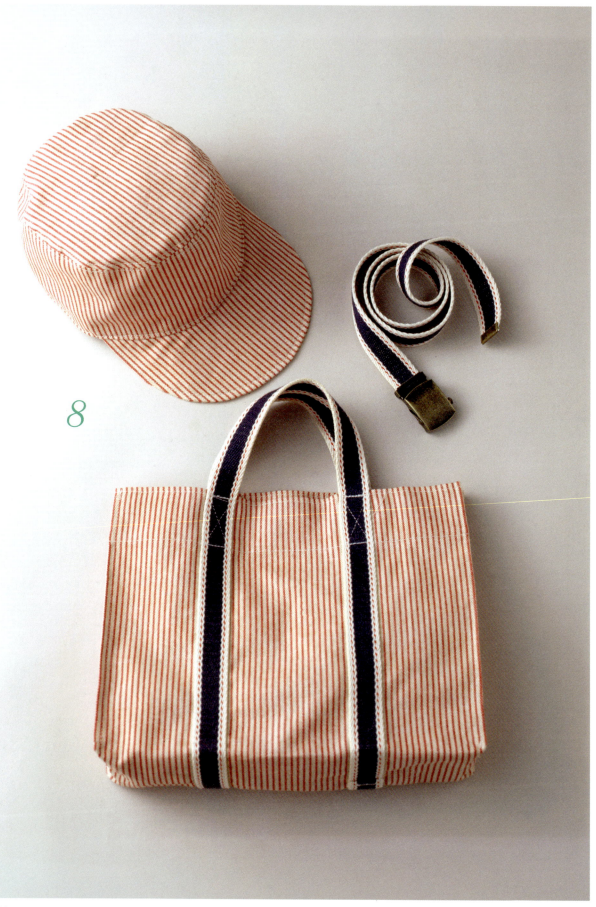

8

キャップ＋ベルト＋トートの３点セット

　丈夫なヒッコリーと綿テープ使いのトートバッグとキャップ、ベルトの３点セット。どれもベーシックなデザインで、キャップは頭回り56・58・60cmサイズの実物大型紙つきだから、ぜひ、トライしてみて。

デザイン ● 月居良子
作り方 ● 65ページ

ショルダーバッグ

　底幅24cm、深さ20cmのコンパクトサイズのショルダーバッグ。生地は肌にソフトなラッセルニット。タウン用にぴったりのおしゃれ感とシンプルさが魅力です。

デザイン● クライ・ムキ
作り方● 61ページ

9

10

花モチーフつきトート

　陽気な夏にぴったりの鮮やかな花モチーフつきのトートバッグ。サンダルにも同じ花モチーフを飾った手作りならではのオリジナル。花モチーフは「花あみルーム」という道具を使うとかんたんにきれいに作れます。

| デザイン ● 越膳夕香
| 作り方 ● 24・108ページ

詳しい縫い方
24ページ

11

刺しゅうプラスのトート

　クロス・ステッチがポイントのスモッキング刺しゅうつきトート。ギンガムチェックを使えば柄がマス目代わりになり、図案を移す手間が省けてかんたんです。おそろいのコサージュも作っておけば、おしゃれの幅も広がります。

デザイン●月居良子
作り方●72・85ページ

> 詳しい縫い方
> **27** ページ

フラップポケットつきリュック

　日常使いはもちろん、仕事用にも使用する人が増えたリュック。手作りするのは難しいと思いがちですが、細かな工程がかえって楽しいです。詳しい縫い方つき作品なので、ぜひ、自分仕様を作ってみてください。

デザイン ● 月居良子
作り方 ● 27 ページ

12

詳しい縫い方のプロセス解説
花モチーフつきトート ▶▶▶ 21ページ

guidance／越膳夕香

作品 10

★花モチーフは、クロバー「花あみルーム」を使用して作ります（26ページ）。

● **材料**
表布に麻布＝110cm幅で50cm
裏布に木綿のあら織り＝70×85cm
接着芯の厚手＝90×80cm（表布分）
接着芯の薄手＝70×85cm（裏布分）
ポリ芯＝15×35cm
花モチーフ・刺しゅうの糸＝
ハマナカ エコアンダリヤの赤(37)、からし色(182)、
生成り(168)、グリーン(61)・茶色(159)を少々。

● **でき上がり寸法**
口幅＝39cm　底幅＝32cm　深さ＝32cm

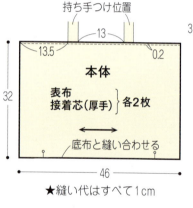

本体　表布・接着芯（厚手）各2枚
★縫い代はすべて1cm

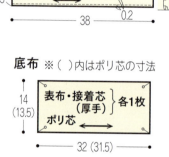

持ち手 2本　表布・接着芯（厚手）／裏布・接着芯（薄手）各2枚
底布　※（ ）内はポリ芯の寸法
表布・接着芯（厚手）／ポリ芯　各1枚

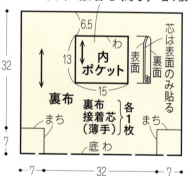

裏布・接着芯（薄手）各1枚
裏布　裏布接着芯（薄手）各1枚

● 裁断し、接着芯を貼る
ここでは縫い目のわかりやすい別布を使って解説します

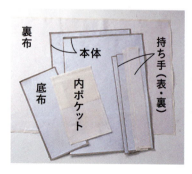

表布で本体2枚、底布1枚、持ち手2枚。裏布で本体1枚（底わ）、持ち手2枚、内ポケット1枚（口側わ）を裁ちます。次に厚手接着芯を表布の本体・持ち手・底布に貼り、薄手接着芯を裏布に貼ります（内ポケットは表面のみ）。

1. 図案を完成させる

表布の前面に刺しゅうをし、花モチーフを縫いとめます（26ページ参照）。

24

2. 表布を縫う

1 それぞれの中央と合印箇所に切り込み（110ページ参照）を入れ、表布本体を中表に両脇を縫い、まちの合印に切り込みを入れます。

2 両脇の縫い代を割ります。次に底布を合わせ、まち針で仮どめします。

3 底布を縫い合わせます。1で切り込みを入れた本体角の縫い代は、写真のように開きます。

3. 裏布を縫う

1 裏布の裏側、底の位置にポリ芯を縫いつけます。

2 内ポケット布を中表に合わせて半分に折り、返し口を残して回りを縫います。角の縫い代は三角にカットし、返し口から表に返します。

3 わのほうをポケット口にし、つけ位置に縫いつけます。

4 裏布を中表に合わせて両脇を縫い、縫い代は割ります。

5 まちを縫います。ポリ芯のすぐ脇を縫い、縫い代は1cm残して、カットします。

4. 持ち手を作り、仕上げる

1 持ち手の縫い代をアイロンで折ってから、表・裏布を外表に合わせて縫います。表布本体と持ち手を中表に合わせ、本体の上端の縫い代にしっかりと仮どめます。

2 表布と裏布を外表に合わせて口を仕上がりに折り、ステッチをかけます。

完成！

25

花モチーフの作り方

丸枠（大）1周、丸枠（小）1周の二重モチーフの作り方
（中心がわかりやすいようにここではからし色を使用しています）

花モチーフはクロバー「花あみルーム」を使用して作ります。[丸枠（大・中・小）、四角枠（大・小）、六角枠、とじ針入り]

1 丸枠（大）と丸枠（小）を台にはめます。A色（赤）の糸を台に通し（大）の枠にかけます。

2 右回りに丸枠（大）のピンにひとつずつ糸をかけていきます。

3 かけ終わったら**1**の台に通した糸と結んでおきます。

4 台の反対側にC色（生成り）の糸を通し、（小）の丸枠のピンに糸をかけます。

5 かけ終わったら**3**と同様に結びます。次にとじ針に別糸（からし色）を通して中心から出し、花びらに針を入れて丸枠（大）のピンの数だけかがります。

6 かがり終わったら、台からはずし、糸を裏で結びます。**3**と**5**の台にかけた糸も裏に出し、結び直します。

7 丸枠をはずし、それぞれの糸端を中に通して始末します。

花モチーフの配置と使用枠　★図案は108ページにあります

丸枠（大）1周、丸枠（中）1周の二重モチーフ C色＋B色、C色＋A色、A色＋C色 各1枚

丸枠（大）1周、丸枠（小）1周の二重モチーフ A色＋C色 1枚

丸枠（小）1周モチーフ C色＋A色、B色＋C色、A色＋B色、C色＋B色、A色＋C色 各1枚

E色アウトライン・ステッチ

D色サテン・ステッチ

丸枠（中）1周のモチーフ A色＋C色、B色＋C色 各1枚

▶▶▶ **サンダル用花モチーフ**
丸枠（大）1周、丸枠（中）1周の二重モチーフ C色＋A色 2枚

花モチーフの配色表

A色	赤（37番）
B色	からし色（182番）
C色	生成り（168番）
D色	グリーン系（61番）
E色	茶色系（159番）

詳しい縫い方のプロセス解説
フラップポケットつきリュック ▶▶▶ 23ページ

guidance／月居良子

作品 12

● 材料
表・裏布に厚手の綿＝90×1m
接着芯＝65×30cm
面ファスナー＝2.5cm幅を6cm
はと目＝内径0.8cmを12個
ナイロンテープ＝3cm幅を2.1m
バックル＝内径3cm幅を2個
角カン＝内径3cm幅を2個
Dカン＝内径2.5cm幅を2個

● でき上がり寸法
幅＝30cm　深さ＝30cm

★（　）内は縫い代、指定以外すべて1cm

● 裁断

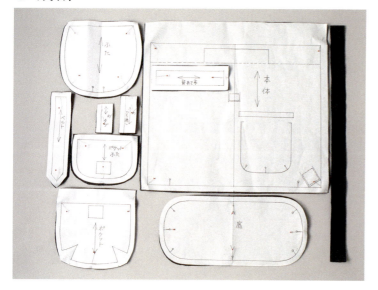

- 各パーツを裁断します。縫い代は本体入れ口が5cm、脇が1.5cm、ポケット口が3cm、それ以外はすべて1cmの縫い代をつけて裁ちます。型紙は縫い代つき型紙のほうが便利で、無駄なく裁ち合わせられます（110ページ参照）。
- ふた、ベルト、底は表・裏布各1枚ずつ、フラップは表・裏布各2枚、ポケットは表布2枚、それ以外はすべて1枚ずつ裁ちます。

1. 印をつける

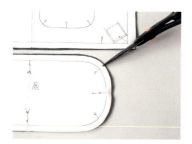

● **ノッチ**
それぞれの中央と合印箇所にノッチ（切り込み・110ページ参照）を入れます。

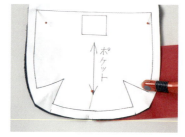

● **ダーツ**
ポケット2枚を外表に合わせ、チャコペーパーをはさんで、印をつけます。

● **ポケットつけ位置**
本体前を中表に二つ折りにし、チャコペーパーをはさんでつけ位置を印します。

2. 接着芯を貼る

本体入れ口、表ふた、表フラップ、あて布、表ベルトに接着芯を貼ります。

3. フラップ・ポケットをつける

1 表・裏フラップを中表合わせて縫い合わせます。カーブのところはギャザーをよせるため、仕上がりより0.2cm外側に目を荒くしたステッチをかけます。

2 ギャザーステッチの糸を引き、縫い代の丸みをなじませ、アイロンで押さえます。

3 表に返し、ステッチで押さえます。裏側に面ファスナー（かぎ状の硬いほう）をつけます。

4 ポケットのポケット口を三つ折りにしてステッチで押さえます。ダーツを縫い、先端の糸をしっかり結びます。

5 ダーツを中央側に片返し、縫い代を仕上がりにアイロンで押さえます。

6 表側に面ファスナー（ループ状の軟かいほう）をつけます。

7 フラップを本体前のつけ位置に仮どめします。このとき、両面接着テープ（111ページ参照）を使うと便利。ない場合はまち針で可。

8 フラップ、次にポケットをそれぞれ同じ要領でつけます。

4. ベルトをつける

1 表・裏ベルトを中表に合わせて縫い、縫い代の先端をカットします。

2 縫い代を裏ベルト側に片返し、アイロンで押さえます。

3 表に返し、ステッチで押さえます。次につけ側の縫い代を内側に折り、ベルトつけ位置につけます。

5. 脇を縫う

1 はじめに入れ口の縫い代を4cm 1cmの三つ折りにアイロンで押さえておきます。

2 脇を袋縫いにします。まず、表・裏本体を外表に合わせ、縫い代幅1.5cmの端から0.7cmのところを縫い、端から0.5cm分の縫い代をカットしてアイロンで割ります。

3 裏に返し、もう一度アイロンで整え、仕上がり線を縫います。

6. 入れ口を縫う

1 やや厚手の生地のため、入れ口の脇の縫い代は仕上がり線で切り込みを入れ、縫い代を左右に分けます。

2 入れ口を三つ折りにして、ステッチで押さえます。

7. 底をつける

1 本体と底の表布を中表に合わせ、縫い合わせます。

2 底の表・裏布を中表に合わせ、写真のように返し口から表に返せるように仮どめし、返し口を残して縫い合わせます。

3 表に返し、返し口をまつります。

8. ふた・肩ひもをつける

1 ふたのタブを中表に二つ折りにして縫います。

2 縫い代を割って表に返し、Dカン2個をはさんで縫いどめます。

3 タブを裏ふたの縫い代にステッチで仮どめします。

4 表・裏ふたを中表に合わせ、つけ側を残して回りを縫い、表に返してステッチで押さえます。

5 肩ひもを作ります。まず、ナイロンテープを80cmと25cmにそれぞれ2本ずつカットします。25cmのテープに角カンを通し、端を4cm1cmの三つ折りして、ステッチで押さえます。

6 80cmのテープにバックルと5の角カンを写真のように通して、端を4cm1cmの三つ折りしてステッチで押さえます。

7 ふたと肩ひもをまち針で本体に仮どめます。テープは先を斜めにカットし、裏を上にして重ねます。このとき、交差するポイントが入れ口端に合うようにします（赤丸）。

8 その上にあて布を重ねて、ステッチで押さえます。

9. 口ひも・ひも通しを作る

9 肩ひもの端を内側に折り込んで、本体の底側につけます。

1 ひも通しを中表に折って縫い、縫い目が中央になるようにして表に返します。次に縫い目を横にして折り、脇を縫います。

2 縫い目が中央になるように表に返し、縫い目の上に区切りのステッチをかけます。

3 口ひもを四つ折りにアイロンで押さえ、ステッチで押さえます。

10. 仕上げる

1 目打ちと定規を使って、はと目つけ位置の12箇所に印をつけます。

2 はと目のパッケージの使用方法に従って、はと目をあけます。

3 はと目穴とひも通しに口ひもを通します。

4 最後に口ひもの先端を片結びにします。

完成！

大好きな
プリント柄で作る

● ママとおそろい ●

通園・通学・おけいこバッグ
＆エプロン

13

14

ショルダーバッグ

シューズバッグ

ペンケース

カトラリーケース

ペンケース

おけいこバッグ

ランチバッグ

ママと子どもの プリントペア

大好きなプリント柄の色違いで、子供用は通園・通学に使いやすい袋ものの4点セット。ママ用は趣味のレッスン通いに便利な3点セット。二人で歩いていると、みんなが振り返って見る、ママ自慢のペアバッグです。

デザイン ● かわいきみ子
作り方 ● 68ページ

ママとおそろいエプロン

ママのお手伝いができるようになったら、おそろいのエプロンを作ってあげたいですね。子供用は身長120cmサイズですが、エプロンはひも調節でフィットさせるアイテムだから、長い期間使えます。

| デザイン ● かわいきみ子
| 作り方 ● 70ページ

17

トートバッグ

水筒入れ

マルチポーチ

チャーム

体操着入れ

18

おべんとう入れ

通園・通学用の5点セット＋チャーム

　袋ものを作るのに最適なオックスのかわいい黒ネコプリント×水玉柄のリバーシブル地1mで仕上げた5点。裁ち合わせ方は1mを50cmの2枚に分けて作り方ページに表示しています。無駄なく裁ち合わせられると仕上がりの達成感も格別です。

| デザイン ● かわいきみ子
| 作り方 ● 73・76ページ

ネコちゃんプリントを切り抜いて作った、かわいいチャーム。

19

リバーシブル
トートバッグ

バッグインバッグ

ポシェット

リバーシブルマルチポーチ

● リバーシブルトートバッグとマルチポーチの裏側

裏面側にすると印象がかなり変わります。

ママ用のデイリーバッグ 4点セット

　北欧の鹿が並ぶオックスプリント1mに綿無地1mを組み合わせて、使い勝手のよい袋もの4点に。トートバッグとマルチポーチはリバーシブル仕立てだから両面使えて印象も変わります。手作りなら、自分がいちばん使いやすい大きさと形に作れます。

デザイン ● かわいきみ子
作り方 ● 78ページ

細かなものがきちんと収まって取り出しやすいバッグインバッグ。

ほっこり素材とプラスαがおしゃれ
秋冬バッグ

トートバッグ・ショルダーバッグ・マルシェバッグ・
スマホポーチ・グラニーバッグ・レトロバッグ

20

21

アップリケポイントの
トート&ショルダーバッグ

　トートとショルダーのツインバッグ。それぞれの生地を交互に使ったアップリケと、あたたかな温もりを感じさせる毛糸刺しゅうのおそろい感が素敵です。

| デザイン ● 越膳夕香
| 作り方 ● 82ページ

22

リバーシブル仕立ての
マルシェバッグ

　丸みのあるフォルムがかわいい圧縮ニットのリバーシブルバッグ。普段使いしやすいグレーと、着こなしの差し色としても映えるイエローの2色使い。共布の花モチーフチャームのアクセントもキュートです。

デザイン● 見崎智子
作り方● 84ページ

フェルトのトート＋スマホポーチ

　秋冬バッグにぴったりの、布端の始末がいらないフェルト地を使ったトートとスマホポーチのペア。3色の愛らしいお花のアプリケがポイントです。スマホポーチは自分サイズに調整して作ってください。

| デザイン ● 月居良子
| 作り方 ● 86ページ

23

ベレー帽＋トート

作品23と同じ布端の始末がいらない、かんたん縫製でOKのフェルトを使ったバッグとベレー帽。帽子は頭回り3サイズの実物大型紙つき。バッグの赤の革の持ち手のあしらいにおしゃれ感が光るデザインです。

| デザイン ● 月居良子
| 作り方 ● 88ページ

24

25

ヘアピン　ブローチ　バッグ

横長トート＋アクセサリー

温かみのあるフラノ3色を使ってボーダーに切り替えた横長トート。バッグの雪柄のビーズ刺しゅうを飾った共布のくるみボタンは、たくさん作って、アクセサリーに。

| デザイン ● 越膳友香
| 作り方 ● 90ページ

スカーフ＋ショルダーバッグ

秋色のタータンチェックにスエード調の無地を組み合わせたショルダーバッグ。クラシックなタッセルつきがポイントです。タータンチェックでおそろいのスカーフも手作りした、お出掛けセット。

| デザイン ● 見崎智子
| 作り方 ● 92ページ

26

27

2WHYおしゃれバッグ

モノトーンツイードに黒のブレードをあしらったおしゃれバッグ。持ち手は華やかなゴールドチェーンとベーシックな共布をTPOに合わせてつけ替えできる2WHY。手作りとは思えないでき映えです。

| デザイン ● 見崎智子
| 作り方 ● 92ページ

28

グラニーバッグ＋ポンチョ

　ウッドの持ち手がおしゃれな小ぶりのグラニーバッグと直線裁ちのかんたんポンチョ。あっという間に作れるひとセットです。生地はソフトな風合いのジャカードニット。

| デザイン ● 見崎智子
| 作り方 ● 94ページ

レトロバッグ＋スカート

　ゴブラン織りの幅広テープが目を惹く、ブラックデニムのバッグとスカートのセットアップ。幅広テープの上下に黒のジャバラテープを重ねてつけています。ウッドの持ち手のセレクトも効果的。

デザイン ● 月居良子
作り方 ● 91ページ

29

● 55×50cm少しの生地でもたくさん作れる ●
キュートな花柄小物

30

55×50cmで作れる東袋と箸入れ

　古き良き時代から受け継がれている日本の伝統の使いやすい東袋とおそろいの箸入れ。お弁当包みとしてはもちろんですが、平にたたんでバッグに携帯しておくと便利です。

| デザイン ● 越膳夕香
| 作り方 ● 96ページ

55×50cmで作れる 花柄小物 4 点セット

小さく感じる55×50cmの布でも、無駄なく裁ち合わせれば、ブックカバー・ポーチ・ティシュカバー・ハンカチの4点が作れます。キュートな花柄で作れば愛らしさも抜群。

| デザイン ● 越膳夕香　作り方 ● 98ページ

31

ティッシュケース

ポーチ

ブックカバー

ハンカチ

55×50cmで作れる
シュシュ＋ヘアゴム

　かわいいアクセをたくさん作ってみるのも楽しいですね。シュシュは2個あると右の写真のようにつけ方のアレンジが広がります。ビーズ飾りつきのヘアゴムの土台はくるみボタンを利用。

デザイン● 海外竜也
作り方● 100ページ

32

33

55×50cmで作れる まちつきポシェット

幅25cm、深さ17cmのまちつきポシェット。キュートな小花柄で作ったオリジナル。ふた中央の花プリントには繊細な刺しゅうをほどこしています。

| デザイン ● 海外竜也
| 作り方 ● 97ページ

34

55×50cmで作れる
丸型＆三角ポーチ

　化粧ポーチに最適な内ポケットつきの丸型と、形がかわいい三角ポーチ。可憐で明るい小花柄で作れば、持っているだけで優しい気分になれそうです。裏布のピンクの無地の組み合わせ方もラブリー。

デザイン● かわいきみ子
作り方 ● 102ページ

35

裁ちばさみ入れ / メジャーカバー / ピンクッション / 糸巻き / 糸切りばさみ入れ / ソーイングケース

55×50cmで作れる
ソーイング小物6点セット

55×50cmの花プリントに麻の別布を1mプラスして、自分仕様のソーイングケース・糸巻き・ピンクッション・メジャーカバー・はさみケース2種の洋裁用具グッズがこんなに作れます。ソーイングがより楽しくなりそうです。

デザイン ● 越膳夕香
作り方 ● 104ページ

作品の作り方
How to make

- 本書の作品で裁ち合わせ図を掲載しているものは、すべて「縫い代つき型紙」で表示しています。製図した型紙に縫い代をつけて作っておく型紙で、布を裁断するときに間違わず、無駄なく裁断できて便利です（110ページ参照）。

- バッグとおそろいの帽子ついては、頭回り56cm・58cm・60cmサイズの実物大型紙つきになります。

- 刺しゅうの刺し方は、109ページを参照してください。

作品 6 綿テープ持ち手のトート 10ページ

■ 材料
表布にデニム = 80 × 45cm
裏布にシーチング = 60 × 60cm
綿テープ = 3cm幅を2m

■ でき上がり寸法
底幅 32cm 深さ 24cm

■ 作り方要点
表布の本体とまちの入れ口は、布のみみを利用して裁ちます（みみの白い線を生かすため）。

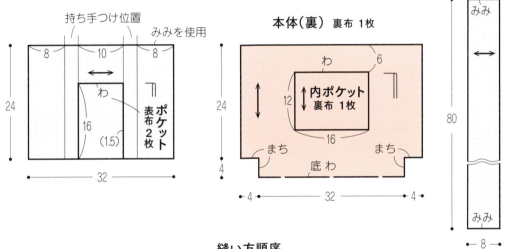

縫い方順序

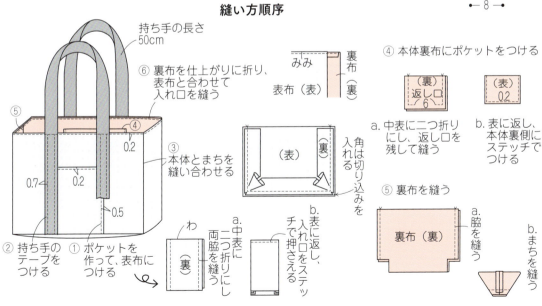

作品 2、3 6・7ページ

2 底まちつきトート＋ポーチ

■ 材料

綿花柄プリント＝110cm 幅で80cm
裏布にカラーデニムのからし色＝70×80cm
土台布（シーチング）＝80×80cm
片面接着ドミット芯＝100×80cm
ファスナー＝長さ20cmを1本

■ でき上がり寸法

バッグ　口幅42cm　深さ28cm　まち12cm
ポーチ　口幅22cm　深さ11cm　まち4cm

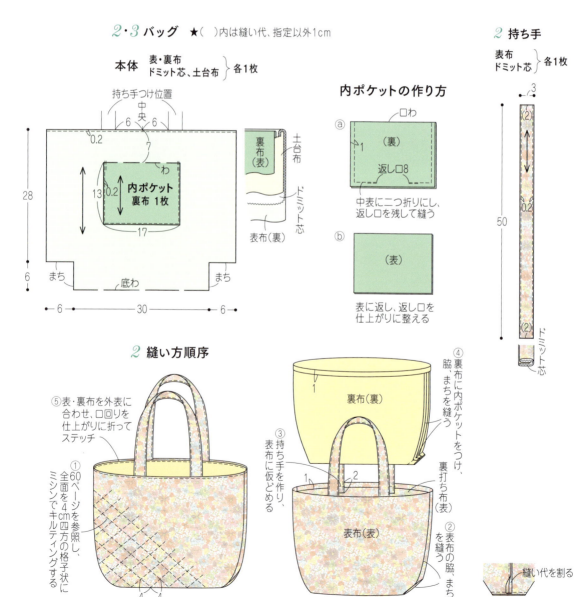

3 底まちつきトート＋巾着

■ 材料

綿プリント＝110cm幅で80cm
裏布にカラーデニムのグレー＝70×80cm
土台布（シーチング）＝50×80cm
片面接着ドミット芯＝50×80cm
レザーテープ＝2cm幅を37cm×2本（バッグ分）、
　0.5cm幅を50cm×2本（巾着分）
ポリエステル綿（ドミット芯でも可）＝適宜（巾着のループエンド分）

■ でき上がり寸法

バッグ　口幅42cm　深さ28cm
　　　　まち12cm
巾着　　口幅20cm　深さ20cm

2 ポーチ ★（　）内は縫い代、指定以外1cm

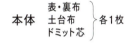

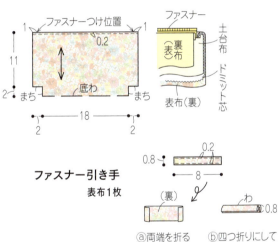

縫い方順序

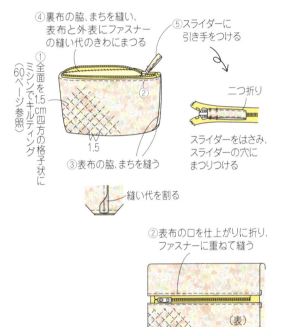

3 縫い方順序

★②、④、⑤は作品2と同じ

★3の巾着の
製図と縫い方順序は
60ページにあります

3 巾着

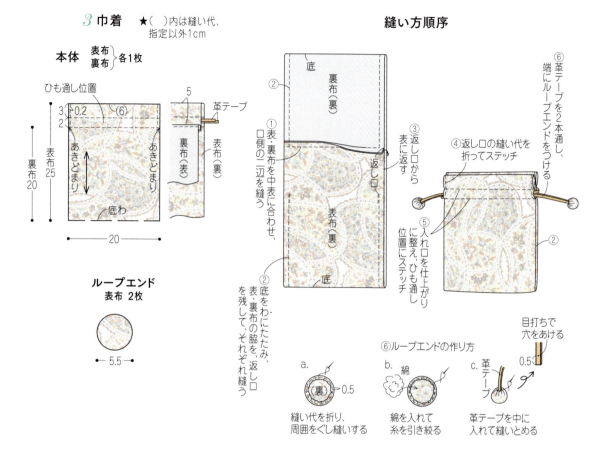

作品 2、3 ミシンでキルティングするときのコツ

1. **生地と芯をあら裁ちする**
   キルティングをすると布が寸法より縮むので、表布、土台布、ドミット芯は全体を約2〜3cm大きめにあら裁ちし、あとから本裁ちします。

2. **規則的なキルティングはあらかじめ土台布に印をつける**
   規則的な格子やボーダーは、ドミット芯を貼る前に土台布にガイド線を引いておきます。線はまず中央線を引き、そこを基準に平行に引いていくので方眼定規を使うとラク(格子は45度)。

3. **キルティングは方向転換しながらかける**
   土台布にアイロンでドミット芯を貼り、表布を重ねて全体にしつけをします。規則的なキルティングは土台布を見ながらガイド線通りに、柄に沿ったキルティングは表布を見ながら縫います。一方方向にのみ縫うとよれやすいため、布を回して方向転換をしながら縫います。

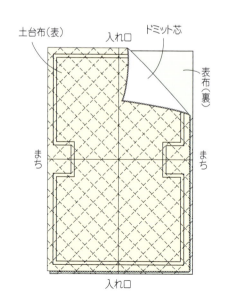

※ 作品は片面接着ドミット芯ですが、両面接着タイプを使用する場合は、表布に接着剤がしみるおそれがあるため、アイロンの温度と時間に注意。

作品 9 ショルダーバッグ 20ページ

■ 材料

表布にラッセルニット＝134cm幅で90cm
裏布に綿無地＝65×50cm
接着ドミット芯＝90×40cm（本体、フラップ、底分）
接着芯＝122×4cm（肩ひも分）
マグネットボタン＝1.8cmを1組

■ でき上がり寸法

底幅24cm　深さ20cm

9 ショルダーバッグ ★（　）内は縫い代、指定以外1cm

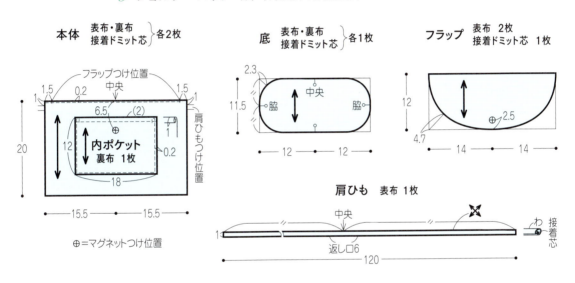

縫い方順序

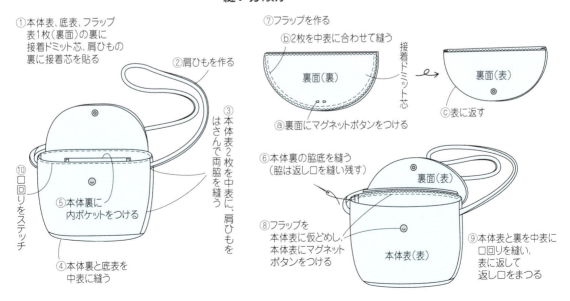

作品 4、5 8・9ページ

4 小バックつきトート

■ **材 料**

表布A布に綿ローンプリント＝108cm幅で45cm
（バッグ口布、小バッグ分）
表布B布に綿ツイル＝110cm幅で55cm
（バッグ、各バッグ持ち手分）
裏布に綿無地＝110×55cm
接着芯＝90cm×1.5m（各バッグ分）
スナップボタン＝1組

■ **でき上がり寸法**

底幅26cm　深さ33cm　まち12cm

4・5 バッグ　★（　）内は縫い代、指定以外1cm

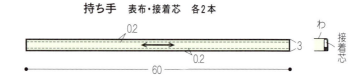

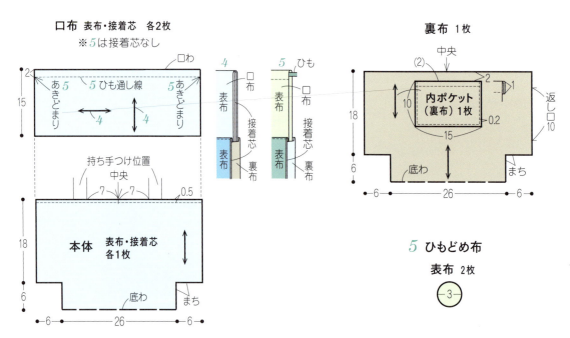

★小バックとブラウスの製図と縫い方順序は64ページにあります

5 2WHYトート＋ブラウス

■ 材料
表布 A 布に綿ブロードプリント＝ 112cm 幅で 2.1m
　（ブラウス、バッグ口布、ひもどめ布、小バッグ分）
表布 B 布に綿ツイル＝ 80cm 幅で 65cm
　（バッグ、小バッグ、各バッグ持ち手分）
裏布に綿無地＝ 80 × 60cm
接着芯＝ 90cm × 1.2m（ブラウス見返し、各バッグ分）
ひも＝ 2m
綿＝少々
スナップボタン＝ 1 組

■ でき上がり寸法
ブラウス　バスト 92cm　着たけ 75.5cm
バッグ　　底幅 26cm　深さ 33cm
　　　　　まち 12cm

4 バッグの縫い方順序

内ポケットの作り方

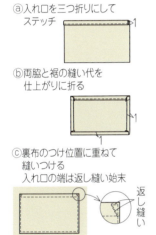

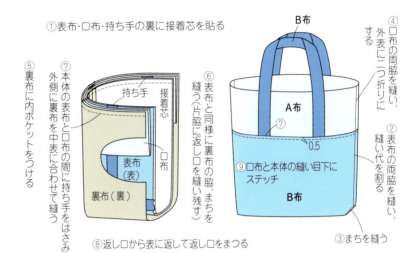

5 バッグの縫い方順序
★ 4 の①〜③のあとに
　ⓐ〜ⓓを縫い、
　⑤〜⑨まで同様に縫う

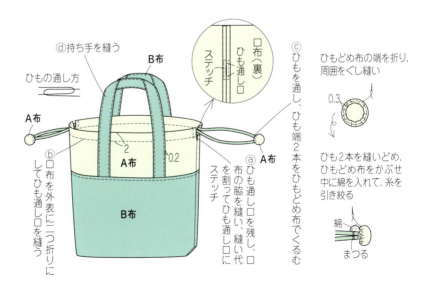

★ 4・5 の小バックと 5 のブラウスの製図と縫い方順序は 64 ページにあります

4・5 小バッグ ★縫い代はすべて1cm

縫い方順序

① 表布と口布、持ち手の裏に接着芯を貼る
③ 表布と同様に裏布の脇から底を縫う
（片脇に返し口を縫い残す）
④ 表・裏布を中表に合わせて見返し線を縫う
⑤ 返し口から表に返して返し口をまつる
⑥ 口回りにステッチ
⑦ 持ち手を作ってつける
⑧ スナップボタンをつける
② 表布を中表に脇から底を縫い、縫い代を割る

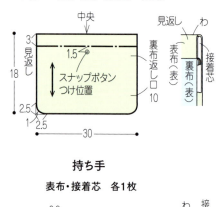
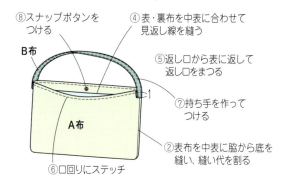

5 ブラウス

★（ ）内は縫い代、指定以外1cm

縫い方順序

① 見返しに接着芯を貼る
② 肩を縫い、縫い代を割る
③ 見返しの肩を縫い、縫い代は割る
④ 見返しをえりぐりにつける
⑤ 見返しを表に返してステッチで押さえる
⑥ 脇を縫い、縫い代を割る
⑦ 袖口を二つ折りに始末する
⑧ 裾を二つ折りに始末する

作品 8 キャップ＋ベルト＋トートの3点セット 18ページ

■ 材料
キャップ・バッグ・ベルト
表布＝ヒッコリーを 60 × 110cm
厚手接着芯＝ 25 × 20cm（表ブリム分）
バイヤステープ＝幅 1.2cm を 65cm
カラーテープ＝幅 2.5cm を 2.4 m（ベルト分含む）
サイズベルト＝幅 2.5cm を頭回り＋2cm
金属バックル＝幅 2.5cm を 1 組

■ でき上がり寸法
バッグ　　底幅 29cm　深さ 22cm
ベルト　　長さ 92cm
キャップ　頭回り 56・58・60cm

● キャップは実物大型紙を使用します。

バッグ ★( )内は縫い代、指定以外1cm

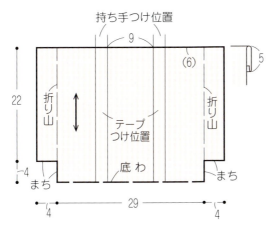

縫い方順序

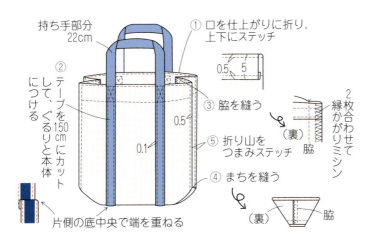

ベルトの作り方
★ウエスト寸法＋15cm

ⓒ金具をはさむ

★キャップの作り方と実物大型紙は66・67ページにあります

キャップ　実物大型紙を使用

★縫い代はすべて1cm

トップ 表布 1枚　前／中央わ／後ろ／0.5

サイド 表布 1枚　前中央わ／型紙を突き合わせる／後ろ中央／0.5／0.5／0.3

ブリム 表・裏布　接着芯　各1枚　前中央わ／0.5

縫い方順序

① 後ろ中央を縫い、縫い代を半分にカットして割り、バイヤステープで始末する

② トップとサイドを縫い、縫い代は①と同様に始末する

③ ブリムの表布裏に接着芯を貼り、中表に合わせて縫う。縫い代を表プリム側に片返し、縫い代を半分にカットする

④ 表に返してステッチで押さえる

⑤ サイドとブリムと縫い合わせる

⑥ 仕上がり線に合わせてサイズベルトをつける

⑦ サイズベルトを折り返し、ステッチで押さえる

表プリム（表）／トップ（表）／サイド（表）／サイド（裏）／裏プリム（表）／切り込み／仮どめ

キャップの実物大型紙

★サイドの型紙は右ページのサイドと2枚を合印で突き合わせて使用してください

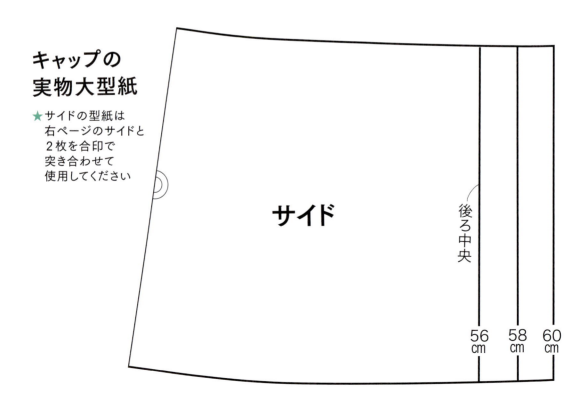

サイド／後ろ中央／56cm／58cm／60cm

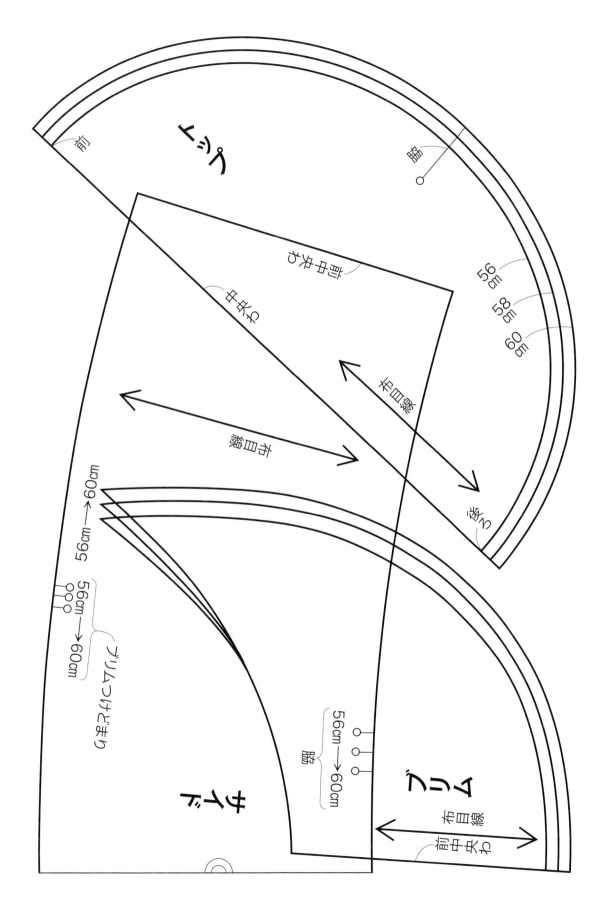

作品 13、14 ママと子どものプリントペア 32ページ

13

■ 材料

表布に11号ハンププリント＝110cm幅を50cm
接着芯＝42×10.5cm（ペンケース分）
カバンテープ＝2.5cm幅を1.4m
　（ショルダーバッグ、シューズバッグ、持ち手分）
スナップボタン＝1.3cm幅を2組
　（ショルダーバッグ、シューズバッグ分）
ファスナー＝1cmを1本（ペンケース分）
コキバックル＝3cm幅を1個

製図と裁ち合わせ図　★（　）内は縫い代、指定以外1cm

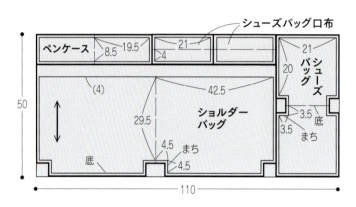

縫い方順序

13 ショルダーバッグ

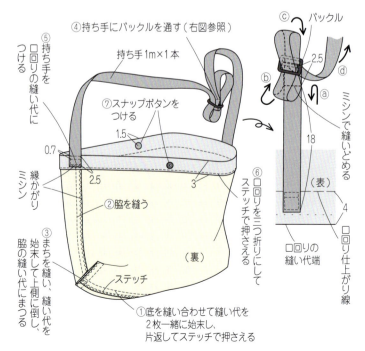

13・14 ペンケース

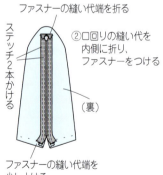

14

■ **材料**

表布に11号ハンププリント＝110cm幅を50cm
接着芯＝42×12cm（ペンケース分）
カバンテープ＝2.5cm幅を1.4m
　（おけいこバッグ、ランチバッグ、持ち手分）
スナップボタン＝1.3cm幅を4組
　（おけいこバッグ、ランチバッグ、カトラリーケース分）
ファスナー＝20cmを1本（ペンケース分）

製図と裁ち合わせ図　★（　）内は縫い代、指定以外1cm

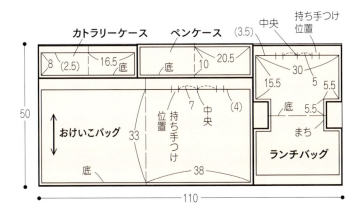

縫い方順序

14　ランチバッグ

14　カトラリーケース

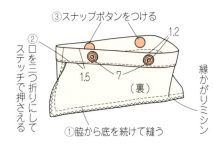

13　シューズバッグ

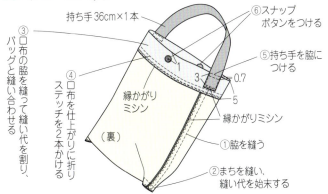

14　おけいこバッグ

作品 15、16 ママとおそろいエプロン 34ページ

15・16
■ 材 料

表布にオックスプリント＝110cm幅を1m
綿綾テープ＝2.5cm幅を3.6m（エプロン肩・結びひも分）
丸ひも＝中太を70cm（巾着袋分）
2つ穴コードストッパー＝1個（巾着袋分）

15・16 製図と裁ち合わせ図

★（　）内は縫い代、指定以外1cm

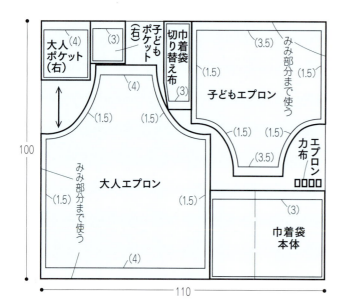

15・16 エプロン

★製図内の数字は、緑色は15（大人用）、
赤色は16（子ども120cm用）、黒は共通です

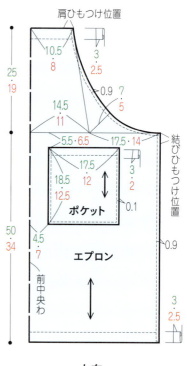

15 巾着袋

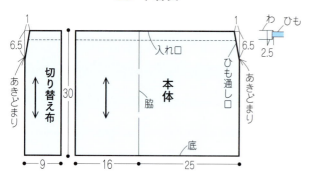

縫い方順序

15 巾着袋

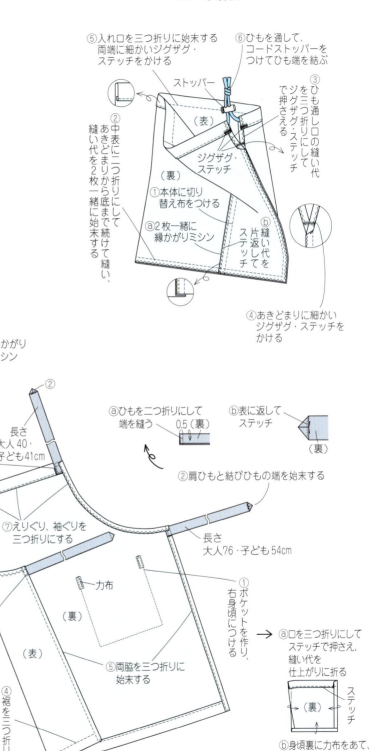

15・16 エプロン

作品 *11* 刺しゅうプラスのトート 22ページ

■ 材料
表・裏布にデニムのギンガムチェック
　＝ 80cm × 1m
接着ドミット芯 ＝ 40 × 70cm
中芯コード ＝ 直径1cmを1m
刺しゅう糸 ＝ 25番の黒を適宜

■ でき上がり寸法
底幅23cm　深さ22cm

■ 作り方要点
表布の前面にギンガムチェック柄に合わせて、写真のようにクロス・ステッチをします。

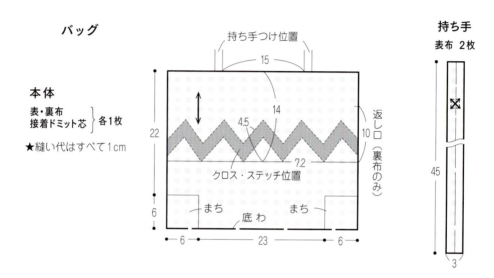

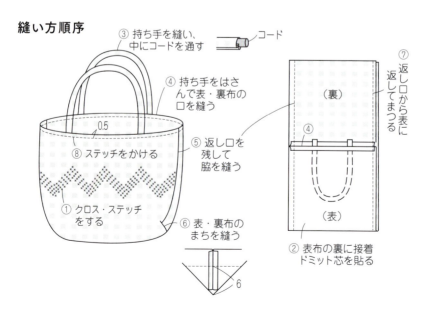

★コサージュの作り方は85ページ、刺しゅうの刺し方は109ページにあります

作品 17 通園・通学用の5点セット＋チャーム 36ページ

■ 材 料

オックスの猫柄×水玉柄リバーシブル＝114cm幅で50cm
接着芯＝20×40cm（トートバッグ分）
ファスナー＝25cmを1本（マルチポーチ分）
バイヤステープ＝1.5cm幅両折りタイプを40cm（マルチポーチ分）
ワックスコード＝太さ5mmを60cm（マルチポーチ、水筒入れ分）
ストッパー＝長さ2.2cmを1個（水筒入れ分）
保冷シート＝20×30cm（水筒入れ分）
フェルト＝20×10cm（チャーム分）
細ひも＝50cm（チャーム分）
鈴＝直径8mmを2個（チャーム分）
刺しゅう糸、詰めもの＝適宜（チャーム分）

裁ち合わせ図

★（　）内は縫い代、指定以外1cm

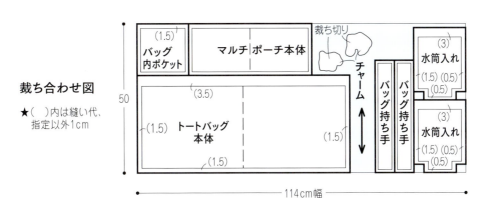

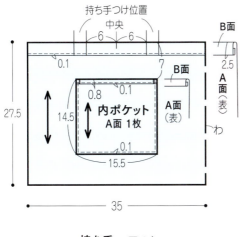

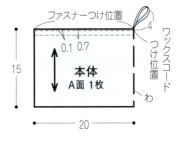

A面 ＝ 猫柄
B面 ＝ 水玉柄

★トートバッグ・マルチポーチの縫い方と水筒入れとチャームの作り方は74・75ページにあります

■ **でき上がり寸法**

トートバッグ　底幅 35cm、深さ 27.5cm
マルチポーチ　底幅 20cm、深さ 15cm
水筒入れ　　　底幅 9cm、深さ 18cm、まち 6cm
※保冷シートを入れると底幅の内径 7cm

トートバッグの縫い方順序

④持ち手を作ってつける

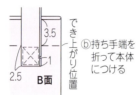

②片脇、底の縫い方

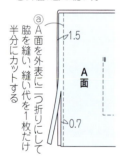

マルチポーチの縫い方順序

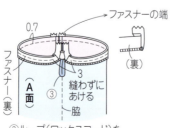

水筒入れ

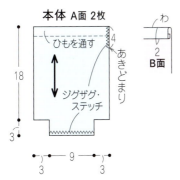

縫い方順序

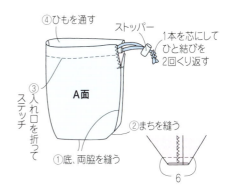

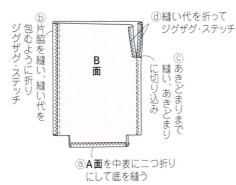

保冷シート

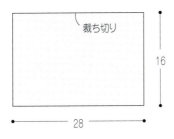

縫い方

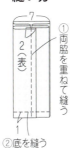

チャーム（17・18 共通）

作り方

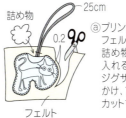

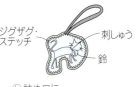

作品 18 通園・通学用の5点セット＋チャーム　37ページ

■ 材料

オックスの猫柄×水玉柄リバーシブル = 114cm幅で50cm
接着芯 = 20×35cm（おべんとう入れ分）
ワックスコード = 太さ5mmを80cm（体操着入れ分）
ドットボタン = 1.2cmを1組（おべんとう入れ分）
フェルト = 20×10cm（チャーム分）
細ひも = 50cm（チャーム分）
鈴 = 直径8mmを2個（チャーム分）
刺しゅう糸、詰めもの = 適宜（チャーム分）

裁ち合わせ図

★（　）内は縫い代、指定以外は1cm

A面 = 猫柄
B面 = 水玉柄

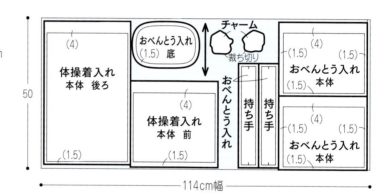

おべんとう入れ

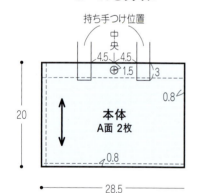

※底板を入れる場合は、底板を底B面よりもたて・横0.5cm小さくする

持ち手　B面 2本

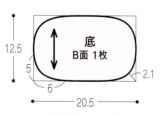

ⓑ縫い代をくるむように折り、ステッチ
ⓐ接着芯を貼る
ⓑ仕上がりに折ってステッチ

チャーム（17・18共通）

A面 各2枚

裏布（フェルト）
ジグザグ・ステッチ
プリント柄

チャームの作り方

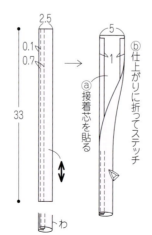

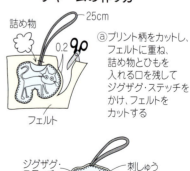

ⓐプリント柄をカットし、フェルトに重ね、詰め物とひもを入れる口を残してジグザグ・ステッチをかけ、フェルトをカットする

ⓑ詰め口にジグザグ・ステッチをかけ刺しゅうをして鈴をつける

■ でき上がり寸法

おべんとう入れ
  底幅 20.5cm、深さ 20cm、まち 12.5cm
体操着入れ
  底幅 28cm、深さ 31cm、まち 5cm

おべんとう入れの縫い方順序

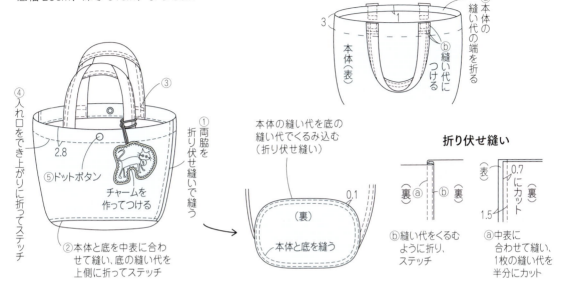

体操着入れ

縫い方順序

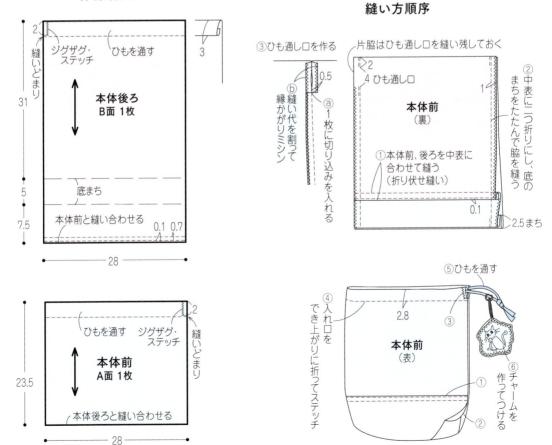

作品 19 ママ用のデイリーバッグ4点セット　38ページ

■ 材料

A布にオックスの鹿柄＝112cm幅で1m
B布にオックスの無地＝92cm幅で1m
接着芯＝90×80cm
（ポーチ、ポシェット、バッグインバッグ、トートバッグ分）
ベルトテープ＝3.8cm幅を90cm（トートバッグ分）
ワックスコード＝太さ5mmを1.6m（ポシェット、トートバッグ分）
ファスナー＝20cmを1本（ポシェット分）
ドットボタン＝1.2cmを4組（ポーチ、ポシェット、トートバッグ分）
底板＝30×18cm（トートバッグ分）

裁ち合わせ図　★（　）内は縫い代、指定以外は1cm

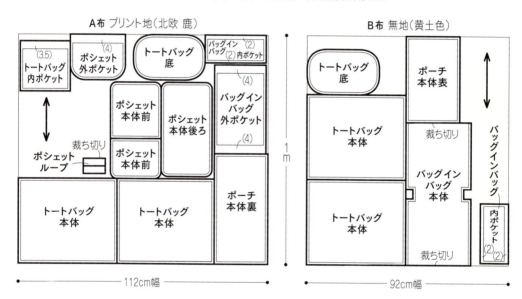

ポシェット

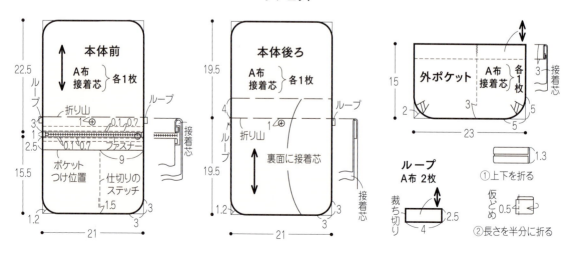

リバーシブルポーチ

■ でき上がり寸法

リバーシブルポーチ
　底幅22cm、深さ17cm
ポシェット
　底幅21cm、深さ19.5cm
バッグインバッグ
　底幅21cm、深さ14cm、まち6cm
リバーシブルトートバッグ
　底幅42cm、深さ35cm、まち18cm

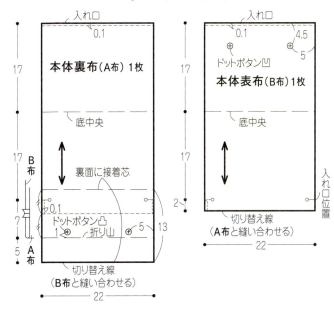

リバーシブルポーチの縫い方順序
（リバーシブル仕立て）

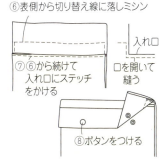

ポシェットの縫い方順序

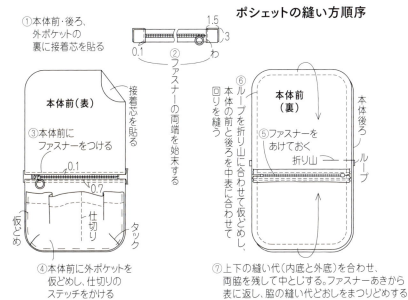

ひも先の始末

★ リバーシブルトートバッグ、バッグインバッグの製図と縫い方順序は80・81ページにあります

リバーシブルトートバッグ

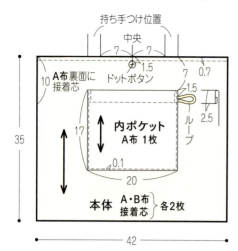
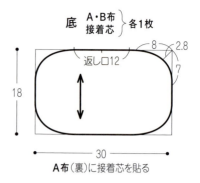

縫い方順序（リバーシブル仕立て）

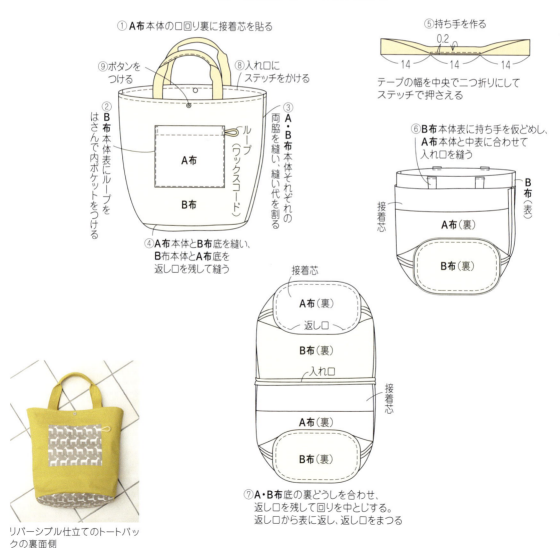

リバーシブル仕立てのトートバックの裏面側

バッグインバッグ

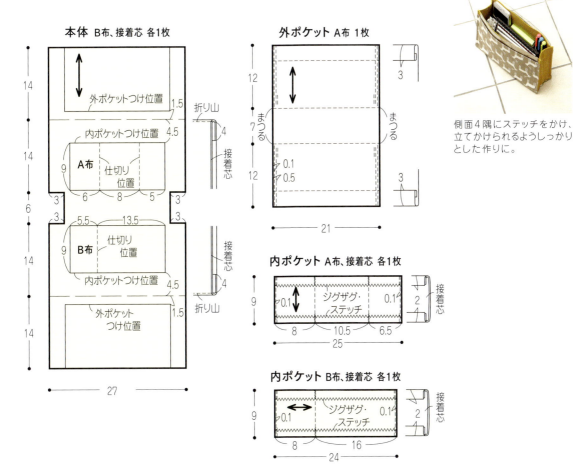

側面4隅にステッチをかけ、立てかけられるようしっかりとした作りに。

縫い方順序

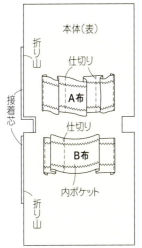

①本体、内ポケットの裏に接着芯を貼り、表に内ポケットをつけ、仕切り位置にステッチをかける

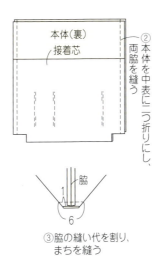

②本体を中表に二つ折りにし、両脇を縫う

③脇の縫い代を割り、まちを縫う

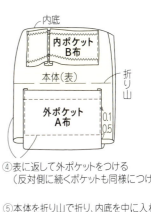

④表に返して外ポケットをつける（反対側に続くポケットも同様につける）

⑤本体を折り山で折り、内底を中に入れる。形を整えて入れ口にステッチをかける

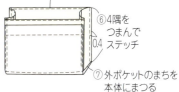

⑥4隅をつまんでステッチ

⑦外ポケットのまちを本体にまつる

作品 20、21 アップリケポイントのトート&ショルダーバッグ

41 ページ

■ 材料

表布にヘリンボーンウール＝40×70cm（アップリケ分含む）
水色のウール＝40×40cm（アップリケ分含む）
裏布に木綿のキャンバス地＝70×70cm
接着芯＝70cm×1.1m
持ち手に革テープ＝トートに幅0.8cmを76cm、ショルダーに0.5cmを55cm
ファスナー＝24cmを1本
Dカン＝内径1cmを1個
ナスカン＝内径1cmを1個
毛糸＝黒を適宜

■ でき上がり寸法

トートバッグ　　　　口幅28cm　深さ32cm
ショルダーバッグ　　口幅24cm　深さ16cm

縫い方順序

トートバッグのアップリケと刺しゅう図案
200%に拡大して使用

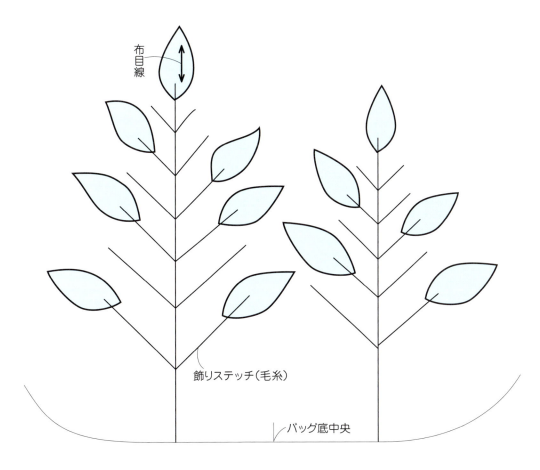

ショルダーバッグのアップリケと刺しゅう図案
200%に拡大して使用

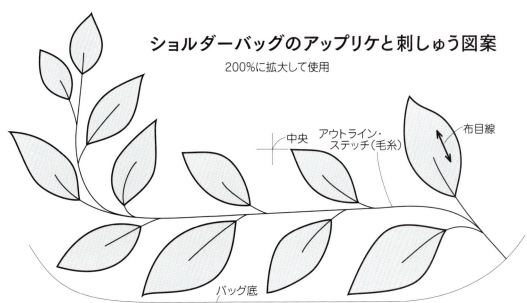

作品 22 リバーシブル仕立てのマルシェバッグ 42ページ

■ 材料
本体A布に圧縮ニットの黄色＝140cm幅を50cm（本体、チャーム分）
本体B布に圧縮ニットのチャコールグレー＝140cm幅を60cm
　（本体、持ち手、チャーム分）
接着芯＝55cm幅を80cm（本体、持ち手分）
ガラ紡芯＝12mmを1.1m（持ち手分）
革ひも＝40cm（チャーム分）
ボタン＝2cmを1個（チャーム分）
ボンドまたは両面接着芯＝適宜（チャーム分）

■ でき上がり寸法
バッグ　底幅37cm　深さ30cm

バッグ　★（　）内は縫い代、指定以外は1cm

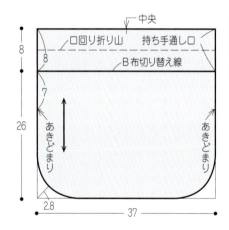

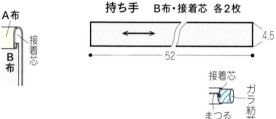

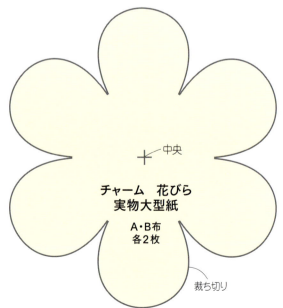

リバーシブル仕立ての裏面側

縫い方順序

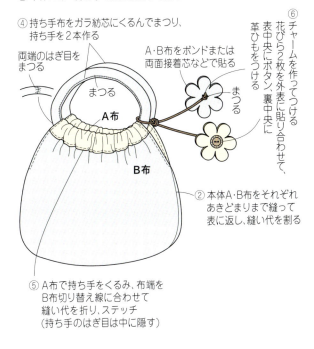
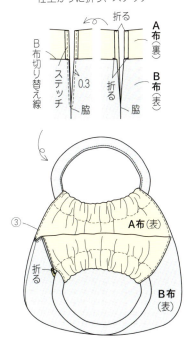

72ページからの続き

作品 *11* コサージュの実物大型紙

■ 作り方要点
- 花びらは2枚合わせに作ります。裁断する前に2枚の布の片側に手芸用ボンドをつけ、2枚を外表に重ねて乾かします。
- 花びらと裏あて布の必要枚数を裁ちます。
- くるみボタンで花芯を作り、それぞれの花びらの根元1cmくらいまでボンドをつけ、小3枚、中4枚、大5枚の順にバランスを見ながら形よく花芯につけていきます。
- 裏あて布にボンドをつけ、花びらの根元を覆うように貼りつけます。
- 裏あて布にブローチピンを縫いつけます。

花びら大(5枚)

花びら中(4枚) 　花びら小(3枚)　　裏あて布(3枚)

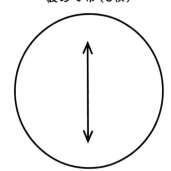

作品 23 フェルトのトート＋スマホポーチ 43ページ

■ 材料
フェルト＝グレーを90×40cm
　黒を45×40cm　濃いグレー・ピンクを各20×10cm
　白を20×7cm
面ファスナー＝幅2.5cmを3cm（スマホポーチ用）

■ でき上がり寸法
バッグ　　　　　底幅26cm　深さ24cm
スマホポーチ　　底幅5cm　　深さ11cm

バッグ　★（ ）内は縫い代、指定以外は裁ち切り

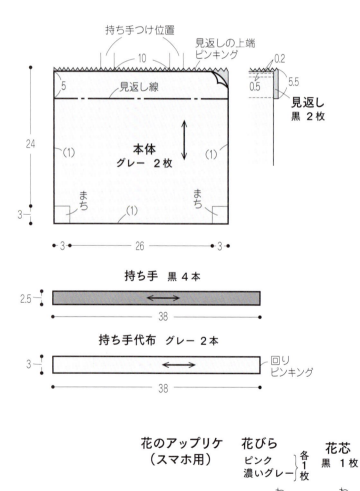

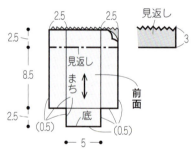

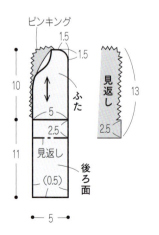

縫い方順序

花のアップリケ（バッグ用）

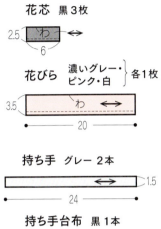

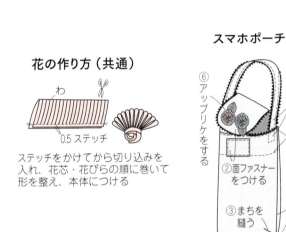

花の作り方（共通）

ステッチをかけてから切り込みを入れ、花芯・花びらの順に巻いて形を整え、本体につける

バッグの葉の実物大型紙

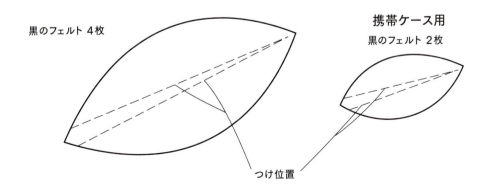

作品 24 ベレー帽＋トート 44ページ

■ 材料
バッグとベレー帽にフェルト＝バッグに40cm×1.2m、
　　　　　　　　　　　　　　ベレー帽に40cm×60cm
天然皮革の持ち手＝長さ50cmを1組
両面接着テープ＝幅1cmを30cm

■ でき上がり寸法
バッグ共通　幅34cm　深さ35cm
ベレー帽　　56・58・60cmの3サイズ

● ベレー帽は右ページの実物大型紙を使用して作ります。

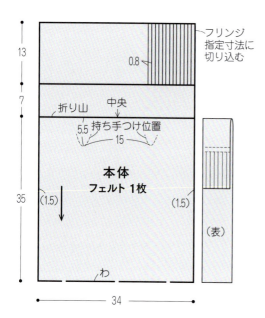

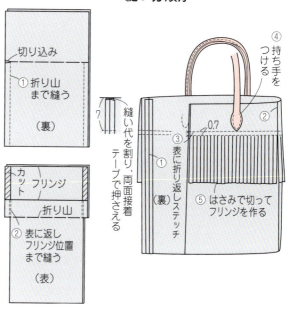

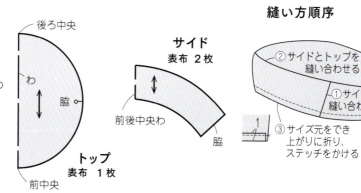

ベレー帽 実物大型紙

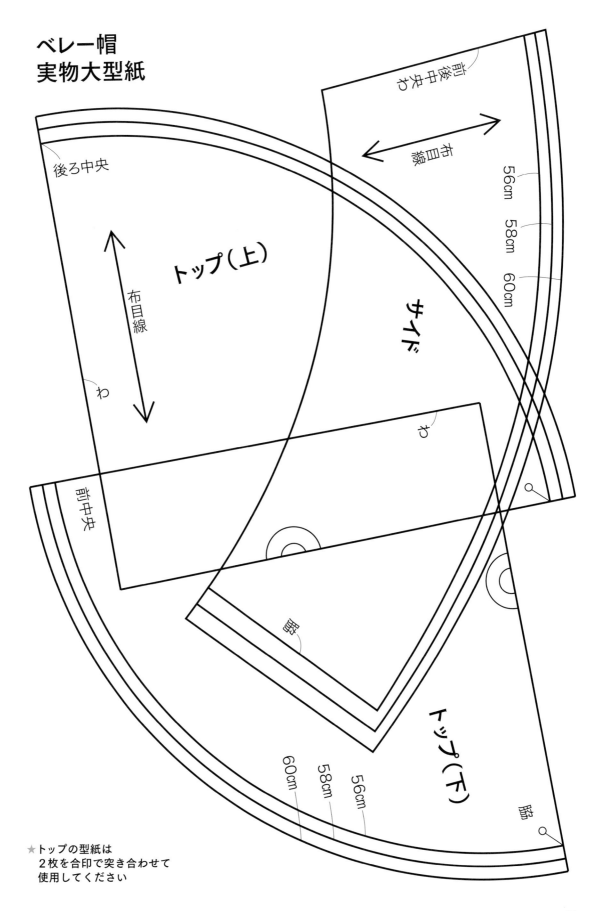

★トップの型紙は
2枚を合印で突き合わせて
使用してください

作品 25 横長トート＋アクセサリー 45ページ

■ 材料

表布にフラノのベージュ・ピンク・ワイン色＝各45×25cm
裏布に木綿のプリント＝55×55cm
接着芯＝84×70cm
持ち手に革テープ＝幅1.8cmを70cm
くるみボタン＝直径2.7cmを6個（飾りボタン用）、
　直径2.2cmを3個（ヘアアクセ用）
三分竹ビーズ＝シルバーを24個
二分竹ビーズ＝クリア・カーキ・茶色を各16個
丸大ビーズ＝赤・水色・黄色を各19個
ヘアピン＝3本

■ でき上がり寸法

バッグ　底幅30cm　深さ24cm

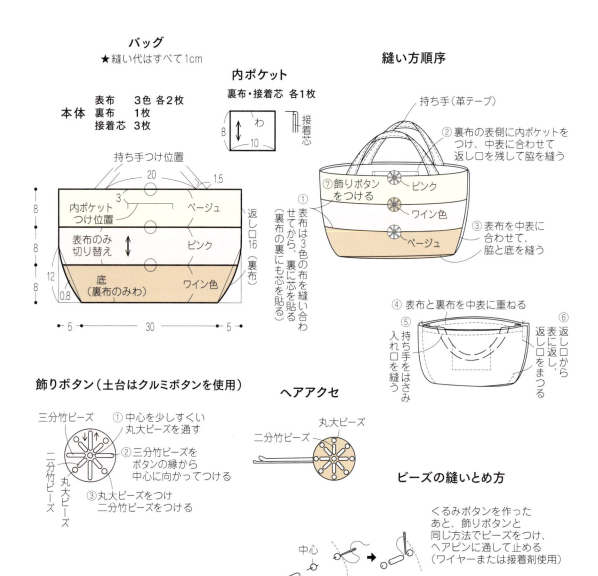

作品 29 レトロバッグ + スカート　49ページ

■ 材料
デニム = 90cm × 1.8m
接着芯 = 40 × 20cm（前・後ろウエスト見返し、ファスナーあき分）
ファスナー = 20cm を 1 本
ゴブラン織りテープ = 8.5cm 幅を 1.9m
ジャバラテープ = 0.5cm 幅を 3.6m
持ち手ハンドル = 幅30cm、高さ 12.5cm のウッドを 1 組

■ でき上がり寸法
バッグ　底幅 31cm　深さ 26cm
スカート　着たけ 67cm

バッグ　縫い方順序

★（ ）内は縫い代、指定以外はすべて1cm

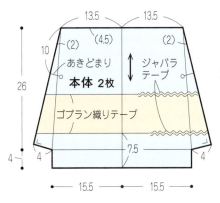
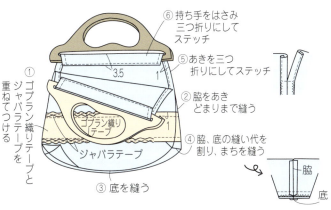

前見返し 1枚

後ろ見返し 1枚

スカート　★（ ）内は縫い代、指定以外はすべて1cm

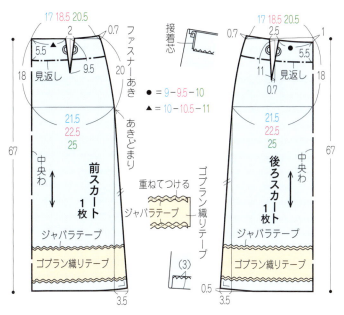

■ 作り方要点
- 前・後ろスカートのダーツを縫います。
- 脇を縫い、ファスナーをつけます。
- ウエストに見返しをつけ、裾を仕上がりに折り、ステッチで押さえます。
- 裾にゴブラン織りテープとジャバラテープを重ねてつけます。

★ 数字の青色はS、赤色はM、緑色はL、黒は共通です

作品 26、27 46・47ページ

26 スカーフ+ショルダーバッグ

■ 材料

表布にタータンチェック起毛＝144cm幅を70cm（マフラー、バッグ分）
別布に合成スエード＝75cm幅を25cm（バッグフラップ分）
裏布に綿無地＝50cm幅を70cm（バッグ分）
接着芯＝90cm幅を70cm（バッグ分）
マグネットボタン＝1組（バッグ分）
柄カン＝9mmを1個（バッグフリンジ分）、
　12mmを2個（バッグ持ち手分）
ナスカン＝内径12mmを2個（バッグ持ち手分）
Dカン＝内径15mmを2個（バッグ持ち手分）
持ち手革＝90cmを1本（バッグ分）

■ でき上がり寸法

バッグ　底幅26cm　深さ18cm　まち6cm

26・27 バッグ　★( )内は縫い代、指定以外は1cm

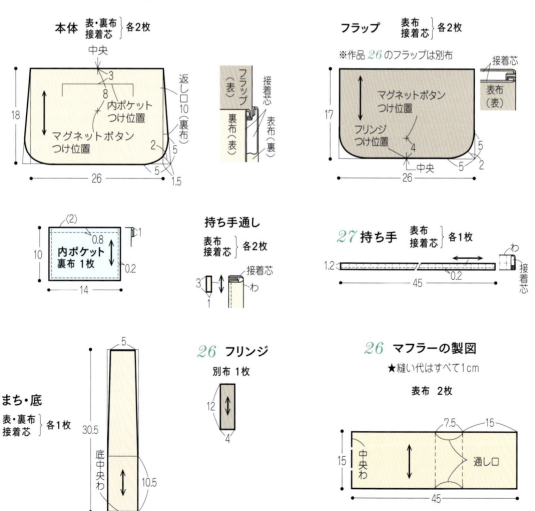

27　2WHYおしゃれバッグ

■ 材料
表布にファンシーラメ入りツイード＝140cm幅を2.1m
　（ジャケットに1.4m、バッグに70cm）
裏布に綿無地＝50cm幅を70cm（バッグ分）
接着芯＝90cm幅を1m（ジャケットの見返し、バッグ分）
飾りボタン＝3cmを1個（バッグ分）
ブレード＝1cm幅を3.6m（ジャケット、バッグ分）
ナスカン＝内径12mmを2個（バッグ持ち手分）
Dカン＝内径15mmを2個（バッグ持ち手分）
マグネットボタン＝1組（バッグ分）
持ち手チェーン＝120cmを1本（バッグ分）

■ でき上がり寸法
バッグ
　底幅26cm　深さ18cm　まち6cm

縫い方順序

26・27　バッグ

① 本体の表・裏布、フラップの表・裏布、持ち手通しに接着芯を貼る（27は持ち手にも貼る）
⑤ フラップを作り、表に返してステッチ
⑩ 本体とフラップにマグネットボタンをつける
③ 本体裏布に内ポケットをつける
⑨ 口回りにステッチ
⑪ フリンジ飾りを作ってつける
まつる
⑦ フラップを入れ口に仮どめし、表・裏布を中表に口回りを縫う
⑧ 返し口から表に返して返し口をまつる
⑥ 持ち手通しを縫い、二つ折りにしてDカンをはさみ、本体口回りに仮どめる
② 本体表布にまちをつける
④ 表布同様、裏布にまちをつける（脇は返し口を1カ所のみ縫い残す）
⑫ 持ち手革にナスカンを通し、柄カンをはめる

フリンジの作り方
ⓐ 切り込みを入れる
ⓑ 二つ折りにする
ⓒ 丸めて上をとめる
ⓓ 柄カンをはめる

★ ①〜⑩まで26と同様に作る（⑤のフラップを縫い合わせる前にブレードをつける）

⑫ 持ち手を作り、ナスカンに通して両端を折りステッチ
⑪ 飾りボタンをつける
ブレード

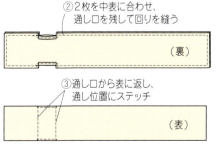

26　マフラー

① 通し口の縫い代にそれぞれ切り込みを入れ、仕上がりに折りステッチ
② 2枚を中表に合わせ、通し口を残して回りを縫う
③ 通し口から表に返し、通し位置にステッチ
片方を差し込む

作品 28 グラニーバッグ＋ポンチョ 48ページ

■ 材料
表布に幾何学柄起毛ジャカードニット＝155cm幅を2.2m
　（ポンチョ、バッグ分）
裏布に綿無地＝90cm幅を40cm（バッグ分）
接着芯＝75cm幅を40cm（バッグ分）
持ち手＝20cm幅を1組（バッグ分）
伸びどめテープ＝1cm幅を34cm、2cm幅を36cm（ポンチョ分）

■ でき上がり寸法
バッグ　　底幅 32cm　　深さ 26cm
ポンチョ　ゆきたけ 58cm　着たけ 70cm

バッグ ★（　）内は縫い代、指定以外は1cm

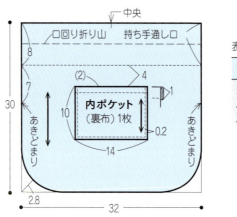

縫い方順序

①本体表の裏に接着芯を貼り、裏布に内ポケットをつける

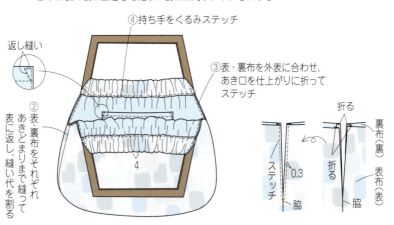

ポンチョの製図

★( )内は縫い代、指定以外は1.5cm

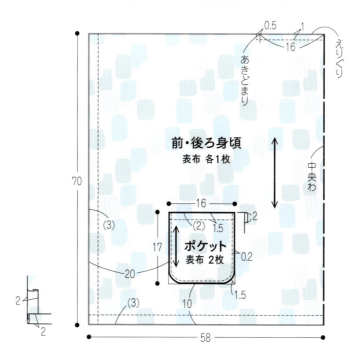

縫い方順序

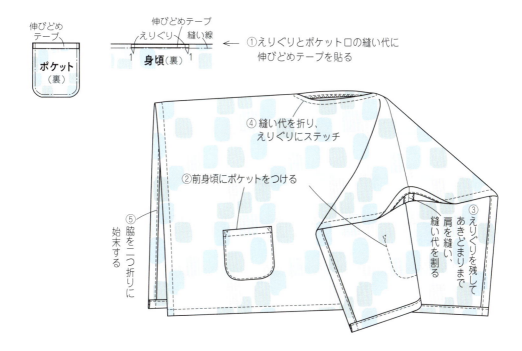

作品 30 55×50cmで作れる東袋と箸入れ　50ページ

■ 材料
綿花柄プリント＝55×50cm

■ でき上がり寸法
東袋　幅32cm 深さ21cm
箸入れ　幅3cm 長さ19cm

■ 作り方要点
・55×50cmの生地をムダなく裁断します。直線製図なので、生地に直接印をつけるじか裁ちでもよいでしょう。
・はじめに箸入れ分の寸法を印し、残り分に対角線を入れて三角形2枚に割るように裁断します。

東袋の製図と裁ち合わせ図
★指定以外の縫い代は1cm

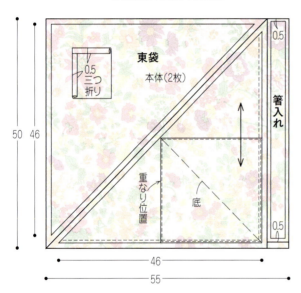

東袋の縫い方順序

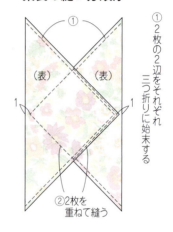

箸入れの製図 1枚

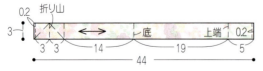

箸入れの縫い方順序

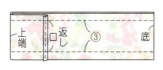

作品 33　55×50cmで作れるまちつきポシェット　53ページ

■ 材料
綿花柄プリント＝55×50cm
裏布にキャンバス＝55×40cm
バラモチーフ＝6個
刺しゅう糸、ビーズ＝各適宜

■ でき上がり寸法
底幅21cm　深さ15cm

裁ち合わせ図
★縫い代はすべて1cm

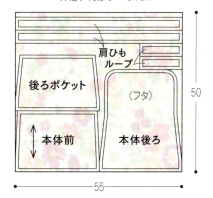

ポシェットの製図
★縫い代はすべて1cm

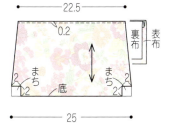

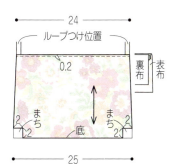

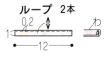

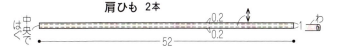

縫い方順序

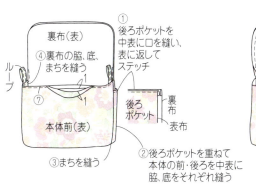

97

作品 *31* 55×50cmで作れる花柄小物4点セット　51ページ

■ 材料
綿花柄プリント＝55×50cm
綿レース＝7cm幅を1.8m（ハンカチ分）
裏布に麻布のモスグリーン＝60×40cm
ファスナー＝19cmを1本（ポーチ分）
サテンリボン＝0.4cm幅を20cm（しおり分）

■ でき上がり寸法
ハンカチ　　　　1辺 43cm
ブックカバー　　幅 12cm、長さ 16cm
ティッシュケース　幅 12cm、長さ 9cm
ポーチ　　　　　幅 8cm、長さ 15cm、高さ 8cm

裁ち合わせ図
★縫い代は、しおりの飾り回り0.5cm、それ以外1cm

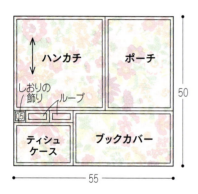

ブックカバー

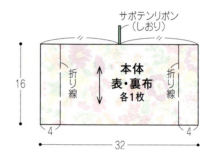

飾り　1枚

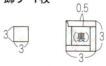
① 縫い代を裏に折る

② 角をつまみ四つだたみにする

縫い方順序

① 表・裏布を中表に両端を縫い縫い代は割る

③ しおりをはさみ返し口を残して縫う
⑤ しおりの端に飾りをつける

② 折り線で両端を折り込む
④ 表に返して、返し口をまつる

■ 作り方要点
ブックカバー
　しおりはサテンリボンを利用し、ひも先の飾りを共布で裁ちます。
ポーチ
　表、裏布両端の縫い代を仕上がりに折り、ファスナーをはさんで表側から入れ口を縫います。裏に返して、両脇を図のように折り線で折り、ループをはさんで両脇を縫います。縫い代を裏布のバイヤステープで始末し、表に返します。
ハンカチ
　縫い代は、すべて折り伏せ縫いで始末します。

ポーチの製図
本体　表・裏布　各1枚

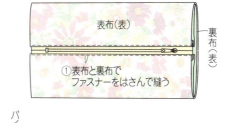

ティシュケースの製図
本体　表布／裏布　各1枚

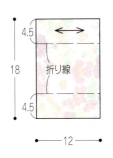

縫い方順序

① ループを作る
② 表布と裏布でファスナーをはさんで縫う
⑤ 表に返す

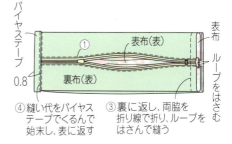

③ 裏に返し、両脇を折り線で折り、ループをはさんで縫う
④ 縫い代をバイヤステープでくるんで始末し、表に返す

縫い方順序

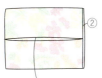

① 表布と裏布を中表に合わせて、両端を縫い、表に返す

② 表布（表）を内側にして、①の端を突き合わせてたたみ、脇を縫う
③ 縫い代をバイヤステープでくるんで始末し、表に返す

ハンカチの製図と縫い方　★縫い代は1cm

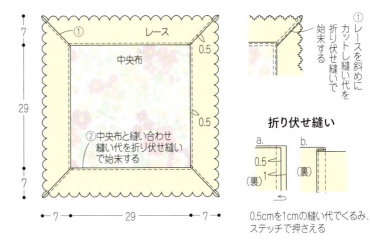

① レースを斜めにカットし縫い代を折り伏せ縫いで始末する
② 中央布と縫い合わせ縫い代を折り伏せ縫いで始末する

折り伏せ縫い
0.5cmを1cmの縫い代でくるみ、ステッチで押さえる

作品 32　55×50cmで作れる シュシュ＋ヘアゴム　52ページ

■ 材料

綿花柄プリント＝55×50cm

★ 作品と同じシュシュ2個・ヘアゴム3個の場合の用尺は 55×30cm で足ります。生地切り売りで 55×50cm 購入の場合は、それぞれのアクセサリーを追加して作るか、余ったところで別のアイテムを作るのが良いでしょう。

シュシュに
　ゴムテープ＝0.8cm幅を40cm
ヘアゴムに
　くるみボタンの土台＝3cmを3個
　ヘアゴム＝3個
　ビーズ＝各種適宜

裁ち合わせ図
★縫い代は指定以外裁ち切り

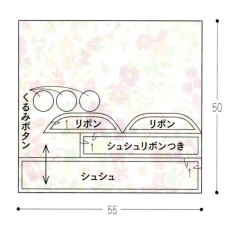

シュシュの製図

縫い方順序

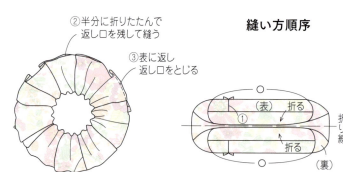

①中表に二つ折りにして輪に縫い、縫い代は割る
②半分に折りたたんで返し口を残して縫う
③表に返し返し口をとじる

a 輪に縫った本体を二つ折りにし、上側の布を中央に向かって折る

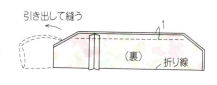

b 折り線で半分に折り、○印を合わせて、内側を縫い込まないように縫って内側を引き出しながら返し口を残して縫う

■ でき上がり寸法
シュシュ 12cm　リボンつき 9cm

リボンつきシュシュの製図

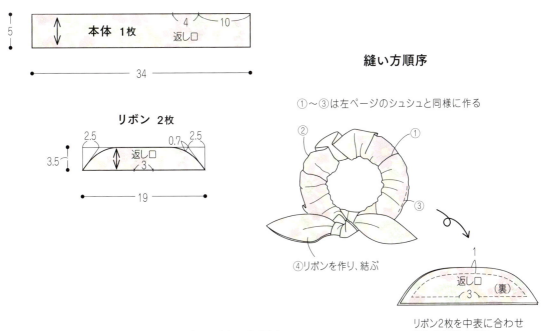

縫い方順序

①〜③は左ページのシュシュと同様に作る

④リボンを作り、結ぶ

リボン2枚を中表に合わせ返し口を残して縫い、表に返して返し口をまつる

ヘアゴムの縫い方順序

①作るボタンの大きさに合わせて布を裁つ

②くるみボタンセットを利用してくるみボタンを作る

③ボタンの足にヘアゴムを通す

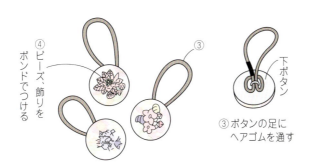

④ビーズ、飾りをボンドでつける

作品 34 55×50cmで作れる丸型&三角ポーチ　54 ページ

■ 材料

綿花柄プリント＝55×50cm
三角ポーチに　裏布に綿ブロード＝20×40cm
　　　　　　　接着ドミット芯＝20×40cm
　　　　　　　接着芯＝5×25cm
　　　　　　　ファスナー＝16cmを1本
丸型ポーチに　裏布に綿ブロード＝35×45cm
　　　　　　　接着ドミット芯＝35×45cm
　　　　　　　接着芯＝20×35cm
　　　　　　　ファスナー＝20cmを2本
　　　　　　　ゴムテープ＝0.5cm幅を15cm

裁ち合わせ図
★（ ）内は縫い代、指定以外は0.7cm

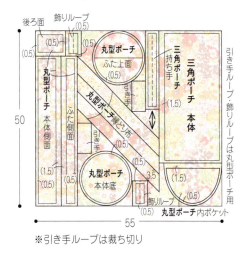

※引き手ループは裁ち切り

三角ポーチの製図

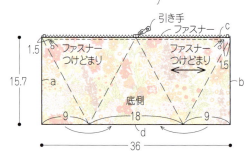

持ち手　表布・接着芯 各1枚

丸ポーチの製図

側面　表布・裏布・接着ドミット芯 各1枚

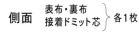

ふた上面、本体底共通　表布・裏布・接着ドミット芯・接着芯 各1枚

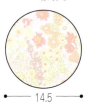

後ろ面　表布・裏布 各1枚

引き手ループ　表布・接着芯 各2枚
飾りループ　表布2枚

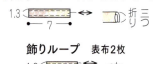

内ポケット（ふた側）　表布1枚

■ でき上がり寸法
三角ポーチ　底の一辺 18cm　深さ 15.7cm
丸型ポーチ　直径 14.5cm　深さ　7.5cm

縫い方順序

三角ポーチ

丸ポーチ

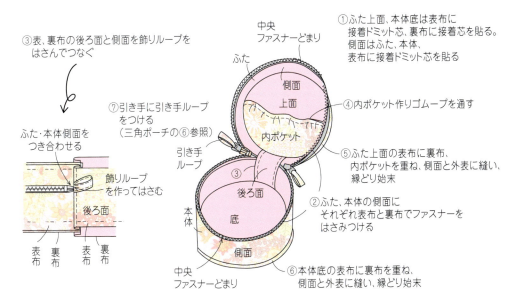

作品 35　55×50cmで作れるソーイング小物6点セット
55ページ

■ 材料
綿花柄プリント＝55×50cm
裏布に麻無地＝110cm幅で1m
キルティング用土台布（シーチング）＝70×35cm
片面接着ドミット芯＝60×55cm
接着芯＝50×55cm
厚紙＝20×26cm
厚毛フェルト＝適宜
スナップ＝1.2cmを2組（ソーイングケース分）、
　1cmを3組（裁ちばさみ入れ、ふたつきポケット分）

裁ち合わせ図
★（　）内は縫い代、指定以外は裁ち切り

A・B・C＝ポケット

ソーイングケース本体

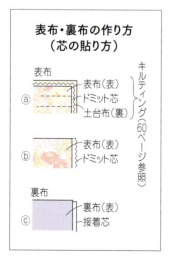

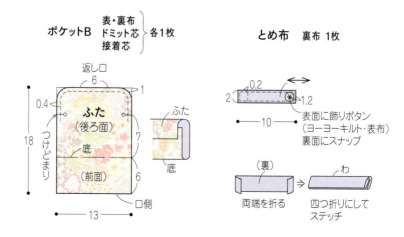

104

■ でき上がり寸法

ソーイングケース	幅 45cm　長さ 20cm
裁ちばさみ入れ	幅 10cm　長さ 30cm
糸切りばさみ入れ	幅 5cm　深さ 9cm
ピンクッション	8cm角
糸巻き	8cm角
メジャーカバー	5.5×1.5cm

ソーイングケースの縫い方順序

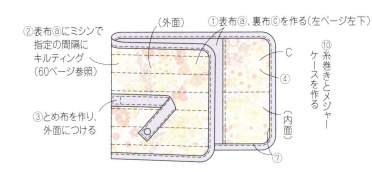

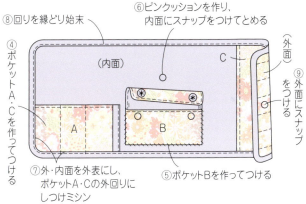

ポケットの作り方

★ポケットCはAの①〜③の要領で作る

ポケットA・C
表・裏布　ドミット芯　各1枚

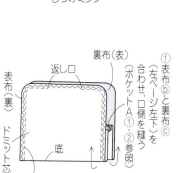

ポケットB

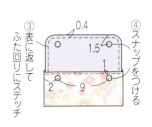

内面につけると背面もポケットになる

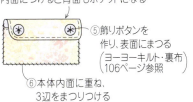

★糸切りばさみ入れ、裁ちばさみ入れ、ピンクッション、糸巻き、メジャーカバーの作り方は106・107ページにあります

糸切りばさみ入れの製図

表布・裏布・ドミット芯 各2枚

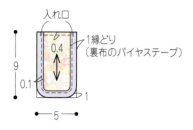

縫い方順序

裁ちばさみ入れの製図

上・下面 共通 表・裏布、土台布 各1枚 ドミット芯、接着芯

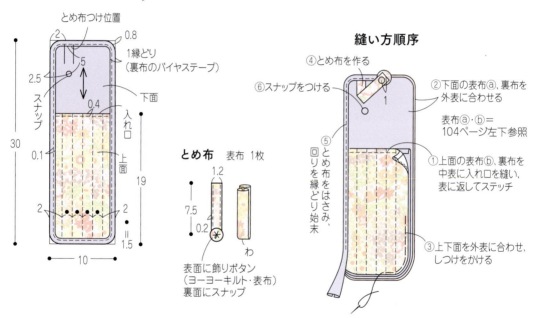

ヨーヨーキルトの製図

★クロバーのちくちくヨーヨープレート（SSサイズ）を使うと、仕上がりがきれいでおすすめ

作り方

ピンクッションの製図

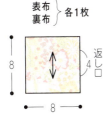

表布 裏布 } 各1枚

縫い方順序

① 表・裏布を中表に返し口を残して回りを縫い、表に返す

② 原毛フェルトを詰めて返し口をまつる

③ 裏布側にスナップをつける

糸巻きの製図

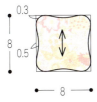

表・裏布　各2枚
厚紙（裁ち切り）4枚

★厚紙を裁ち、布に輪郭を写す

※同じものを2個作る

作り方順序

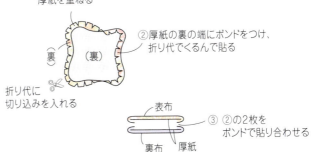

① 表・裏布の裏にそれぞれ厚紙を重ねる

② 厚紙の裏の端にボンドをつけ、折り代でくるんで貼る

折り代に切り込みを入れる

③ ②の2枚をボンドで貼り合わせる

メジャーカバーの製図

★接着芯とドミット芯は裁ち切り

上・下面
表布、ドミット芯 厚紙 } 各2枚

5.5

側面
裏布、接着芯 ドミット芯 } 各1枚

1.5 / 17.5

縫い方順序

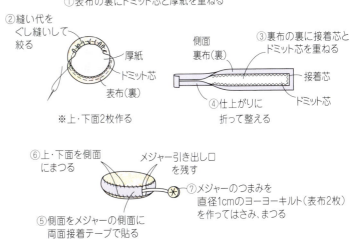

① 表布の裏にドミット芯と厚紙を重ねる

② 縫い代をぐし縫いして絞る

※上・下面2枚作る

③ 裏布の裏に接着芯とドミット芯を重ねる

④ 仕上がりに折って整える

⑤ 側面をメジャーの側面に両面接着テープで貼る

⑥ 上・下面を側面にまつる

メジャー引き出し口を残す

⑦ メジャーのつまみを直径1cmのヨーヨーキルト（表布2枚）を作ってはさみ、まつる

作品 10　花モチーフと刺しゅうの図案

200%に拡大して使用

★製図と作り方は24ページからの詳しいプロセスページにあります。

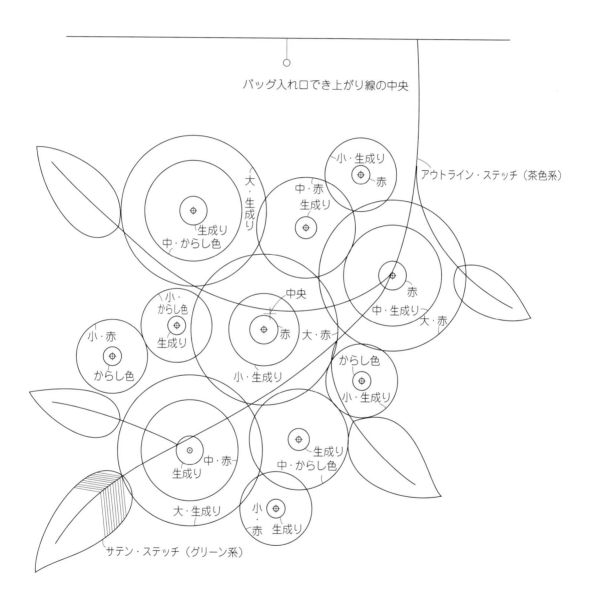

★刺しゅうの刺し方は右ページ参照

刺しゅうの刺し方

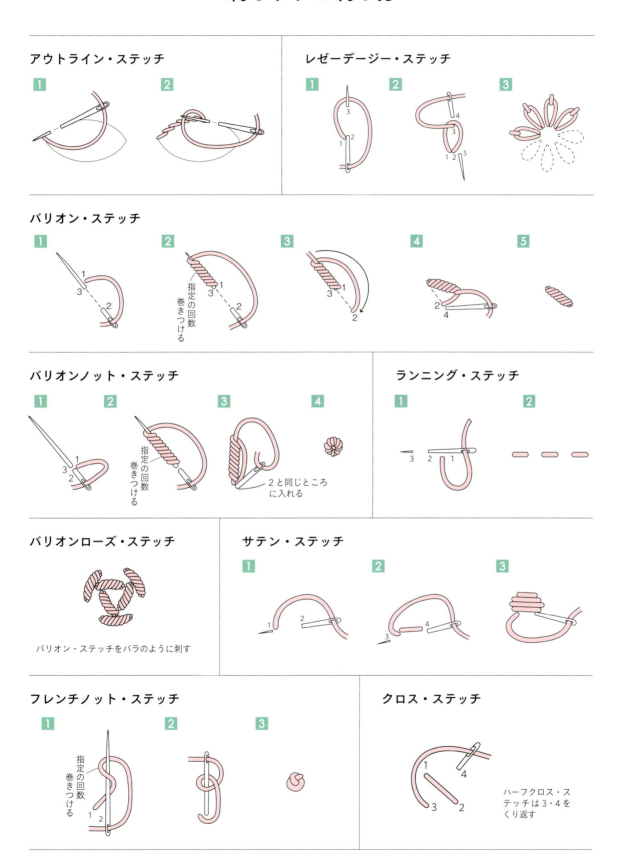

覚えておくと便利なバッグ作りの豆知識

縫い代つき型紙の裁断と印つけ

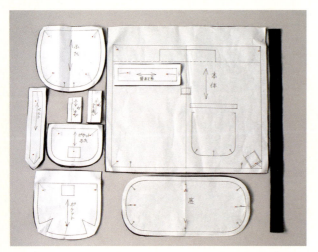

バッグの製図は直線が多いので、生地に直接印をするじか裁ちでもかまいませんが、ボストンバッグやリュックなど、カーブが多い作品の場合は、型紙を作って裁断したほうが正確に仕上がります。このとき「縫い代つき型紙」を作っておくと裁断の間違いもなく、なによりポイントの印つけ以外は印の必要がないので便利です。入れ口やポケット口の三つ折りなどを別にした縫い代を目安になりやすい1cmや1.5cmにすれば、印なしでも縫い合わせられます。生地に型紙を乗せてまち針でとめ、型紙のアウトラインを切るので、生地も無駄なく裁断できます。縫い慣れてなくて心配という方はでき上がり線に印をつけるとよいでしょう。

● ノッチ（切り込み）

印をつけずに縫う場合でも、ポイントの印つけは必要です。中央線やそれぞれの合印箇所に型紙ごとハサミで0.3cmほどの切り込みを入れ、その印を合印にして縫い合わせます。

● 印をつけない縫い方

ポイント以外は印をつけない縫い方に慣れると、作業がスピードアップします。その場合は、綿などの薄ものから中肉程度は1cm、ウールなどの厚ものは1.5cmの縫い代に縫い慣れることです。ミシンに定規がついている場合はそれを利用し、ない場合はボール紙などで定規を作ってミシンの滑り板に貼ると、仕上がり線が正確に縫えます。

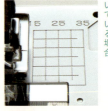

ミシンの針板に定規がついている場合。

縫い代幅の線を記入したボール紙をあてて針板に貼る。

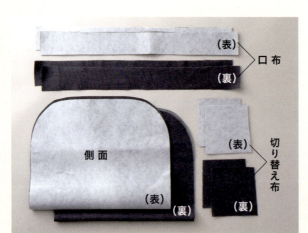

● 接着芯

接着芯は、生地に張りを持たせるために生地の裏に貼ります。厚さは数種類あり、バッグによく使われる厚手の接着ドミット芯や、ジャジー素材に使用するニットタイプもあります。使用する生地に合ったものを選んでください。各作品の材料に、接着芯と表示のあるものは、一般的な不織布の普通タイプになります。このほか、薄手・厚手と表示のあるものはそれらを選んでください。

便利な副資材と道具

本書のプロセスページでも度々登場する、バッグ作りに欠かせない便利グッズを紹介します。

● 両面接着テープ

アイロンスチームの熱で溶けるテープ状の接着剤で、しつけ代わりに使います。ほとんど仕上がりの状態に仮接着できるので、ミシンもずれずにきれいにかけられます。ポケットつけやバッグ入れ口の縫い代の三つ折りなどの仮どめに利用すると便利です。

使いやすい10mm幅のほか、ファスナーつけなどに適している5mm幅、縫い代幅が狭い場合に便利な糸タイプもあります。

● アイロン定規

縫い代を折り上げるとき、アイロン定規があると正確に手早く折り上げられて便利です。6×10cmぐらいの大きさの厚紙の台紙に、折り代幅の線をサインペンなどで引きます。印がなくても折り代幅の線に合わせればよいので、均一な折り上げができ、バイヤス裁ちでも折り山を伸ばさずに、折り上げることができます。

6×10cmぐらいの厚紙に1cmから、0.5〜1cm間隔で線を引きます。幅3cmの三つ折りの場合なら、まず、アイロン定規の4cmに布端を合わせ、アイロン定規をずらしながら折り上げ、次に仕上がり3cmに合わせて布端を1cm折り込みます。

● 目打ち

ソーイングプロの洋裁用具の中で必需品のひとつに入るのが目打ちです。ポケットや底などの角を出したり、細かな作業をするときに一般に使われる道具ですが、プロの作業の中では、ミシン縫い、印つけなど、いろいろなところで活躍しています。目打ちを上手に使えば、仕上がりもスピーディーできれいということになりそうです。

普通のミシンがけのとき、針目の手前の布の上に目打ちをあて、やや目打ちを押し気味に縫い進めます。両手で押さえると、布を引っぱりすぎたり、左右にずれたりすることがありますが、目打ちを使うと安定して縫え、針目も均等になります。

ポケットや底、裾の角を表に返して引き出すときには必ず目打ちを使います。各々の角をきれいに縫い上げるには、まず、角の縫い代をカットし、表に返し、目打ちを使って、きちんときれいな角に。また、ポイントの印つけや、下の布まで通して穴をあけて印をするときにも便利です。

● テープメーカー

バイヤステープがかんたんに作れる道具です。バイヤスに裁った布を通し、アイロンで押さえれば均一な寸法のテープが作れます。サイズは比較的多く使われる12・18・25mmのほか、6・50mmもあります。

仕上がり1cm幅の共布のバイヤステープを作る場合は、布を2.5cm幅の正バイヤスに裁ち、12mmのテープメーカーを使います。テープメーカーに布を通しながらアイロンで押さえていけば、中央がつき合わせの二つ折りのバイヤステープが作れます。

● ルレット

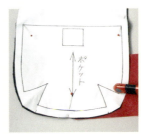

型紙の印を布に移すときに使います。印をつける布の面とチャコペーパー、型紙の順に重ねて印をつけたい線に沿って歯車を転がしながら印をつけます。

111

■ カバー
デザイン　柿沼みさと

■ 本文
デザイン　柿沼みさと
撮　影　　伊藤ゆうじ　関根明生　蜂巣文香
トレース　丸尾利美

■ 企画・編集
　荷見弘子

■ 編集担当
　尾形和華（成美堂出版編集部）

> 本書は、先に発行の「かんたんソーイング」・「I LOVE LIBERTY PRINT」の中から、特に好評だった手作りバッグ＆小物の作品を再編集した一冊です。

はじめてのソーイング 手作りバッグとかわいい花柄小物

編　者　成美堂出版編集部

発行者　深見公子

発行所　成美堂出版
　　　　〒162-8445　東京都新宿区新小川町1-7
　　　　電話(03)5206-8151　FAX(03)5206-8159

印　刷　大日本印刷株式会社

©SEIBIDO SHUPPAN 2025　PRINTED IN JAPAN
ISBN978-4-415-33544-5
落丁・乱丁などの不良本はお取り替えします
定価はカバーに表示してあります

• 本書および本書の付属物を無断で複写、複製（コピー）、引用することは著作権法上での例外を除き禁じられています。また代行業者等の第三者に依頼してスキャンやデジタル化することは、たとえ個人や家庭内の利用であっても一切認められておりません。